KB253623

천국의 발견

천국의 발견

천국의 발견

마일즈 먼로 지음
박규태 옮김

좋은씨앗

Rediscovering the KINGDOM

천국의 발견

초판 1쇄 발행 | 2006년 11월 27일

지은이 | 마일즈 먼로
옮긴이 | 박규태
펴낸이 | 신은철
펴낸곳 | 좋은씨앗
책임편집 | 채대광
주소 | 서울시 서초구 양재동 2-30번지, 덕성빌딩 4층 (우137-130)
편집부 | 전화 02) 2057-3043
영업부 | 전화 02) 2057-3041 / 팩스 02) 2057-3042
홈페이지 | www.goodseed.biz
이메일 | sec0117@empal.com
출판등록 | 제4-385호.(1999.12.21)

ISBN 89 - 5874 - 067 - 1 03230
▪ 책값은 뒤표지에 있습니다.

이 땅에서 빛나는 천국백성의 삶

이 땅에서 빛나는 천국백성의 삶

관습과 전통을 지키며 온갖 노력을 다하지만 여전히 굶주린 심령으로 살아가는 전 세계 모든 성도들에게 바칩니다. 이 책이 그들의 영혼에 위로가 되기 바랍니다.

이제는 고인이 된 알마 트롯먼. 당신의 삶과 유산은 우리의 기억과 생각 속에 지금도 살아 있습니다. 당신은 진정 천국을 풍성하게 누리며 살았습니다. 유일하신 왕과 동행했던 당신의 삶이야말로 에스더의 모습을 닮았습니다.

영원한 왕이시며 항상 살아 계시고 전지하신 하나님 그리고 나의 주 예수 그리스도께 이 책을 바칩니다. 당신의 나라와 당신의 뜻이 하늘에서 이루어진 것처럼 땅에서도 이루어지이다.

|차 례|

나는 혼자만의 힘으로 지금 여기 있지 않습니다. 여태껏 알고 만나고 사귀었던 모든 사람들 덕분에 지금의 내가 있습니다. 이 사실을 잊지 않겠습니다. 그런 점에서, 이 책도 헤아릴 수 없이 많은 사람들이 함께 만든 작품입니다. 그들은 자신들의 생각, 의견, 관점 그리고 저작물을 나에게 제공했고, 이 책에 담긴 지식을 만나게 해주었습니다.

여행을 자주 다니다보면 어쩔 수 없이 밤늦게 글을 쓰는 날이 많습니다. 그런 때에도 기꺼이 인내하며 이해해 준 아내 룻과 아이들 카리사와 카이로에게 고마움을 전합니다. 내가 이룬 것들은 아내와 아이들의 것이기도 합니다.

바하마 나소Nassau 그리고 전 세계에 걸쳐 함께 일하는 모든 사역자들에게 감사드립니다. 이 책에 실린 생각과 개념을 나누고 실험하면서 그것들을 발전시키고 더욱 정교하게 다듬어 가도록 여러분들이 도와 주었습니다. 여러분을 통해 하나님나라가 확장되기를 기도합니다!

관광객을 가득 실은 버스들이 낡은 오두막집 앞을 줄지어 드나들고 있었다. 정글처럼 둘러싼 주변 콘크리트 건물들과 도무지 어울리지 않는 이 오래된 건축물을 보려고 사람들은 해외에서까지 찾아왔다. 그 집은 지역 경제를 살리는 관광 수입의 원천이었고, 작은 도시의 주민들에게 많은 일자리를 제공하고 있었다.

이 오두막집은 얼마 전까지 눈에 거슬리는 골칫거리에 지나지 않았다. 주민들은 그 집을 헐라고 요구했다. 주변 집값이 떨어진다는 이유였다. 그러던 어느 날 한 노인이 나섰다. 그리고 역사적인 가치를 내세우며 그 집을 보존하자고 했다. 노인은 사람들로부터 서명을 받아 충분한 지지를 얻었고, 낡은 집을 유적으로 지정해 시 당국으로부터 복원과 보존을 위한 재정 지원을 받을 수 있었다. 그리하여 역사가 살아 숨쉬는 이 건축물을 복원하는 프로젝트가 시작될 수 있었다.

그 도시를 처음 방문했을 때 나는 가장 먼저 노인을 찾아갔다. 자동차가 낡은 목조 주택을 에워싼 울타리 앞에 멈추자, 개 세 마리가 짖어 대며 방문객을 맞았다. 노인은 삐걱거리는 흔들의자에 앉아, 마치 몇 년 동안 나를 기다렸다는 듯이 손을 흔들었다. 나는 노인이 내어준 낡은 나무 상자 위에 걸터 앉아, 다 쓰러져 가던 그 집을 어떻게 구했는지 말해달라고 했다. 나는 호기심 가득한 표정으로 노인의 말에 아이처럼 귀를 기울였다.

노인은 오두막집이 순수 복원물이라고 했다. 그게 무슨 뜻이냐고 물었다. "아시겠지만, 복원했다는 것들 중에는 진짜가 아닌 경우도 있지요. 원래 재료가 아닌 대체 재료를 쓴 것이니까요. 하지만 이 집은 말 그대로 순수 복원물이에요. 건축가들이 옛날의 기록들을 뒤져 원래 설계도를 찾아 그 때 사용한 것과 똑같은 재료로 모든 부분을 복원했으니까요. 실제로 이 집은 처음 지어졌을 때와 똑같은 모습입니다."

나는 물었다. "그럼 원래 설계도를 따라 복원하면서 재료도 그대로 사용했겠군요?" 노인이 말했다. "물론이죠! 복원된 이 집의 가치가 주변의 고층 건물보다 더 높은 것도 그런 이유 때문입니다." 나는 그 날 오두막집을 떠나면서 무언가를 복원(회복)한다는 것이 얼마나 복잡한 과정인지 잘 이해하게 되었다. 뿐만 아니라 창조주 하나님이 이 땅에서 행해 오신 위대한 복원 작업을 더 풍성히 이해할 수 있었다.

지혜가 한량없으신 창조주께서는 노인이 들려준 사연과 같은 원칙을 그대로 따르고 계신다. 아담의 불순종 때문에 혼탁해진 이 땅, 이곳은 복원되어야만 했다. 그리고 이를 위해서는 땅을 복원하기 위한 하늘의 프로젝트가 필요했다. 하나님의 구속 사역으로 알려진 이 프로젝트의 목적은 땅 위에 천국을 복원(회복)하고, 사람들에게 왕의 대리자 권리를 되찾아주는 것이다.

나는 70개국을 여행하며 다양한 민족, 문화, 사회 계층 그리고 종교 및 정치 집단과 함께 일할 기회가 있었다. 이들 다양한 구성원들에게는 놀랍게도 한결같은 공통점이 있었다. 사람들은 모두 자신의 삶에서 의미를 찾고자 했으며, 자기가 생각하는 '지존하신 존재'와 친밀한 관계를 맺고 싶어 했다. 이처럼 사람들이 궁극적인 실재를 찾아 오랜 탐색을 해 왔다는 것은 분명히 뭔가 잃어버린 것이 있다는 의미다.

그것이 무엇일까? 한마디로 사람들은 그가 속해 있던 천국을 잃어버렸다. 모자람이 없고 아쉬움이 없었던 곳, 지존자와 완전한 관계를 맺고 완벽한 행복의 삶을 살았던 그곳. 바로 그 천국을 잃어버린 것이다.

천국을 잃어버린 이후로, 사람들은 자신의 상황과 환경을 마음대로 하기 원하지만 번번히 실패하고 좌절한다. 천국을 잃고 나서 자신 안에 생긴 공허함을 메우고자 다른 곳을 기웃거린다. 필요 이상의 돈을 쌓아 두려고 하는 모습, 권력을 얻기 위해 부도덕과 손을 잡는 모습, 자신을 돋보이게 하기 위해 지식이나 미모 등에 집착하는 모습 등이 모두 그런 사실을 반영한다. 그러나 이런 것들은 천국에서 맛볼 수 있는 행복을 창조해 내지 못한다. 오직 잃어버렸던 천국이 회복될 때에야만 진짜 행복을 맛볼 수 있다.

이 책은 천국을 발견하고 천국에 사는 삶에 관한 이야기이다. 우리는 우리가 무엇을 잃었으며 무엇을 되찾아야 하는지 알아야 한다. 겉보기에 그럴 듯한 것들로는 행복은커녕 좌절감만 더할 뿐이다. 앞서 노인이 얘기했던 대로, 원래 있었던 그것을 제대로 회복하고 재건하는 것만이 우리의 공허감을 채우는 유일한 방법이다.

천국을 잃어버리기 전, 우리는 하나님을 대표하는 사람들이었다. 천국 정부 대리자로 살도록 창조되었었다. 우리에게 허락된 은사를 잘 활용해 천국을 가꾸고 다스리는 영광스런 존재였다. 이제는 하나님나라 안에서 이러한 우리의 위치를 되찾아야 할 때다. 우리 모두가 그렇게 되기를 간절히 소망한다. 하나님께서 성도들에게 허락하신 그 영광스럽고 풍성한 상속(엡 1:18)에 눈뜰 수 있기를 기도한다.

아버지의 나라가 당신을 통해 임하옵기를!

천국을 잃어버린 사람들

새벽 5시. 밤을 꼬박 새웠다. 신경은 날카로웠고 마음은 불안했다. 이번 학기 마지막 시험을 앞두고 있었기 때문이다. 과목은 학기 내내 나를 괴롭혔던 생물학. 그 중에서도 인체해부학이었다. 유난히 이 과목에 약했던 나는 시험을 코앞에 두고 두려움마저 느꼈다. 아마도 이 날은 내 대학 생활에서 영원히 잊지 못할 시간이 될 것이다. 강의실에 앉아 두근 거리는 심정으로 시험지를 받아들었다. 눈앞이 아른거렸다.

시험이 끝날 즈음, 안도감이 찾아왔다. 시험을 잘 봤다고 확신했고 사흘 뒤 그 확신은 사실로 밝혀졌다. 교수가 나를 부르더니 수강생 중에 최고 성적이라며 축하해 준 것이다. 내가 생각해도 대단한 일을 해낸 것 같았다. 마음이 뿌듯했다.

그런데 교수와 만나고 돌아서면서 문득 스쳐가는 생각이 있었다. 복잡한 인체 조직과 명칭, 그것들의 기능과 역할 등 인체에 대한 지식은 잘 갖추게 되었다. 그렇지만 나는 정말 알아야 할 것을 제대로 알고 있는 걸까? 정작 인간이 왜 존재하는지는 모르고 있지 않은가? 바꾸어 말하면, 내가 아는 것은 결과물일 뿐, 그것이 존재하는 이유와 목적에 대해서는 몰랐던 것이다.

이 깨달음은 지금도 나를 자극하고 있다. 지구 위 65억이 넘는 사람 중에 극히 일부만이 자기가 살아가는 이유를 안다. 인간은 누구이며, 왜 창조되었는가? 인간이 이 땅에서 살아가는 이유는 무엇인가? 인간은 어디에서 왔으며 무엇을 할 수 있는가? 어디로 가고 있는가? 이런 것들은 우리가 추구하는 핵심질문이다. 사람들이 알고 싶어하는 것은 모두 이 질문들에 대한 답변이다.

잃어버린 왕국

몇 년 전, 나는 사라진 여러 문명과 도시의 신비를 다룬 한 텔레비전 다큐멘터리를 본 적이 있다. 해설자는 잃어버린 도시 아틀란티스와 마야 문명처럼 익히 알고 있는 많은 신화와 전설 속으로 우리들을 이끌어 갔다. 마치 법정에서 자신의 주장을 증명하는 것처럼, 해설자는 고대의 유물, 기록 그리고 일련의 증거들을 동원하여 흥미롭게 논증해가고 있었다. 그의 설명을 듣고 있으려니, 그것과 비슷한 이야기 하나가 계속 생각났다. 바로 잃어버린 처음 나라, 아담이 다스렸던 왕국 말이다.

아담은 이 땅에서 하늘의 정부를 대표하는 자였다. 마귀는 하나님과 친밀한 교제를 나누고 있는 사람을 동산에서 몰아내어 이 땅에서 천국을 없애버리려고 했다. 우리는 창세기 3장에서 사람이 그 대적 마귀와 대면하는 기사를 읽는다.

인간의 타락은 단지 개인 차원의 불순종이 아니라 본질적으로 반역 행위였다. 이것은 아담이 자신을 파견한 나라, 곧 천국 정부로부터 독립을 선언한 것이나 마찬가지였기 때문이다.

아담은 자신을 파견한 왕이신 하나님과 관계를 단절하고, 천국 대사직을 포기했으며, 온 땅을 다스릴 권세를 상실했다. 이로써 아담은 직책 없는 대사, 공식 직위 없는 사절使節, 나라 없는 시민, 왕국 없는 왕, 다스릴 땅이 없는 통치자로 전락했다. 그 결과는 비참했다. 아담뿐만 아니라 그 후손들도 다음과 같은 끔찍한 형편에 처하고 말았다.

- 사람의 지위와 그에 따라 누렸던 재량권의 상실
- 책임 전가
- 자의식과 부끄러움
- 권세를 두려워하고 위협을 느낌

- 자연에 대한 지배권 상실

- 힘써 수고해도 좌절하게 되고 노동을 싫어하게 됨

- 고통과 불안

하나님은 창세기 3장 15절에서 당신을 대적한 자들에게 장차 행하실 일을 말씀하신다. "내가 너로 여자와 원수가 되게 하고 네 후손도 여자의 후손과 원수가 되게 하리니 여자의 후손은 네 머리를 상하게 할 것이요 너는 그의 발꿈치를 상하게 할 것이니라."

이 약속의 핵심은 사람 위에 군림하고 있는 대적자의 권세를 쳐부수고 아담이 전에 누렸던 권세를 되찾아줄 '자손' 이 한 여인으로부터 나온다는 것이다. 이로써 메시아이신 왕이 오실 것과 하나님나라가 회복될 것을 처음으로 약속하셨다.

사람을 향한 하나님의 원래 계획

하나님께서 사람을 창조하실 때 가지셨던 처음 목적과 계획은 이런 것이었다.

- 종이 아닌, 영의 자녀가 모인 가족을 세우는 것

- 신하가 아닌, 모두가 왕인 나라를 세우는 것

- 종교 단체 구성원이 아닌, 시민으로 이루어진 연방을 건설하는 것
- 사람을 통해 천국의 영향력과 통치를 온 땅에 미치게 하는 것

나는 영국 식민지였던 카리브 해의 작은 나라 바하마에서 자랐다. 때문에 종이라는 말이 무슨 뜻을 담고 있는지, 종과 아들이 어떻게 구분되는지 잘 알고 있다. 식민 체제 아래서 차별과 편견으로 빚어진 나의 역할로 인해 삶에는 좋지 않은 영향이 미쳤다. 여러 장애물은 분명히 존재했으며, 나라가 제공하는 혜택과 특권에 있어 흑인들은 명백히 불이익을 감수해야 했다. 우리는 교육, 노동, 여가, 재정적 안정 그리고 사회적 지위에 있어 동일한 기회를 누릴 수 없었다. 이런 불평등은 어떤 제한도 받지 않고 행복한 삶을 누리던 주인의 아들과 대조를 이루었다. 종은 엄연히 주인의 아들과 다르다.

하나님은 원래 사람을 통하여 당신이 다스리는 천국을 온 땅 위에 확장하려는 뜻을 갖고 계셨다. 그러기 위해 하나님은 종이 아닌 아들들로 이루어진 가족을 원하셨다. 아들은 하나님과 사랑 안에서 관계를 맺으나, 종은 의무 때문에 마지못해 복종하는 노예나 '고용인'일 뿐이다. 종들도 주인과 일정한 사귐을 가질 수 있지만 거기에 친밀함이나 가족 의식은 없다. 반면, 아들은 아버지가 소유한 모든 것을 물려받을 상속인이다.

또한 하나님은 신하가 아닌 아들들로 이루어진 왕국을 세우기 원하셨다. 얼핏 보면 이해하기 어려운 개념이다. 인간의 관점에서는 왕이 존재

한다면 당연히 신하가 있어야 하기 때문이다. 그러나 하나님의 계획은 그런 것이 아니다. 하나님은 분명히 왕이시지만 신하를 원하시지 않는다. 그분은 아들을 바라신다. 그분이 원하시는 것은 우리를 통치하시는 것이 아니라, 당신의 통치권을 공유할 가족을 얻는 것이다.

나아가 하나님은 종교 구성원이 아닌 시민들로 이루어진 연방을 세우기 원하셨다. 예수 그리스도께서 선포하신 말씀에 담긴 천국 개념을 바로 알려면 반드시 이 사실을 이해해야 한다. 사실 하나님은 예수님을 메시아요 왕으로 믿는 이들이 그리스도인으로 불리는 것을 의도하지 않으셨다. 어쩌면 당신은 내가 어떻게 그런 말을 할 수 있는지 의아하게 생각할 것이다. 하지만 문제는 이 '그리스도인'이란 말에 너무 많은 꼬리표가 달려 있다는 점이다. 이 단어는 정작 하나님나라와 연결된 중요한 의미는 잃어버린 채 하나의 '종교' 용어로 전락했다.

그러나 왕국 개념은 종교 개념과 전혀 다르다. 왕국은 시민들을 거느린 왕으로 이루어져 있다. 왕국에 속한 각 사람은 천국 시민에게 주어지는 여러 권리와 축복을 향유한다.

다스리는 자로 지음 받은 인간

하나님은 보이는 것과 보이지 않는 모든 것 위에 계신 왕이시다. 하나님은 영광과 위엄 가운데 하늘에 있는 보좌로부터 보이지 않는 영적 영역을 직접 통치하신다. 그렇지만 보이는 세계를 다스리실 때는 다른 방식을 취하신다. 이곳을 직접 통치하시기보다, 당신의 형상대로 창조된 인간 사절使節을 통해 이 땅에서 자신의 왕권을 행사하도록 하신 것이다.

그러나 지금 우리는 어떤가? 우리는 다스리는 자로 지음 받았으나 오히려 다스림을 받는 상태로 묶여 있다. 이 땅에 있는 모든 것을 다스려야 할 우리는 너무나 많은 것들에 속박되어 전혀 힘을 쓰지 못하고 있다. 정말 놀라운 일 아닌가?

우리는 분명 여러 식물들을 다스려야 하는 존재이다. 그러나 우리는 정작 그것들에게 지배당하고 있다. 콜롬비아의 코카 잎, 쿠바산 담배 잎, 와인과 술을 만드는 데 쓰이는 포도즙과 곡물들이 우리 삶을 지배하고 있다. 커피, 담배, 술처럼 미각을 다스리는 모든 종류의 것들에 우리는 굴복하고 말았다.

우리는 자신의 욕망과 욕구들 — 섹스, 탐욕, 마약, 권력, 돈 그리고 모든 재물 — 을 다스리도록 지음받았다. 그러나 그것들이 우리를 다스리는 일은 빈번하게 일어난다.

많은 사람들이 자유를 얻기 위해 돈을 좇는다. 그들은 서서히 그리고 은밀하게 속임 당하며 돈의 노예가 된다. 돈을 제대로 이해하는 사람들은 돈을 위해 일하지 않는다. 오히려 돈이 그들을 위해 일하도록 한다. 돈의 노예가 된 사람들은 결코 자유함을 얻을 수 없다.

그러나 우리에게 진정한 회복이 일어난다면 상황은 완전히 바뀐다.

다스리는 자의 정체성을 되찾는다면 우리를 묶고 지배하던 것들은 우리 발 아래 무릎꿇게 될 것이다. 사도행전에 등장하는 초대 교회의 사건들 중 하나가 이 주제와 연관되어 있다.

> 믿는 무리가 한마음과 한 뜻이 되어 모든 물건을 서로 통용하고 자기 재물을 조금이라도 자기 것이라 하는 이가 하나도 없더라 사도들이 큰 권능으로 주 예수의 부활을 증언하니 무리가 큰 은혜를 받아 그 중에 가난한 사람이 없으니 이는 밭과 집 있는 자는 팔아 그 판 것의 값을 가져다가 사도들의 발 앞에 두매 그들이 각 사람의 필요를 따라 나누어 줌이라 (행 4:32-35).

한 때 그 무리들을 지배했던 돈이라는 주인이 이제는 몸을 굽혀 하나님나라에 굴복하는 노예가 되었다. 자신들의 소유를 다른 사람과 나누고 집과 땅을 판 돈을 필요한 이들에게 나누어 줌으로, 초대 교회 신자들은 이전에 그들을 지배했던 바로 그것을 다스릴 수 있었다. 그리스도 안에서 그들은 무절제한 자기 욕망의 지배로부터 벗어나 처음 창조될 때의 모습대로 다스리는 자유를 발견했다. 돈이 그들을 다스리지 못했고 도리어 그들이 돈을 다스렸다.

지금도 유효한 하나님의 계획

하나님께서 태초에 품으셨던 계획은 바뀌지 않았다. 우리는 타락하고 지배받고 형편없는 나락으로 굴러떨어졌지만, 하나님은 여전히 우리를 기대하신다. 하나님은 눈에 보이는 모든 영역을 다스릴 권세를 사람에게 주시면서 사실상 그를 온 땅의 왕으로 세우셨다. 여기서 우리는 중요한 사실을 구분해야 한다. 하나님께서 우리에게 주신 것은 땅을 다스릴 권세이지 소유할 권세는 아니라는 점이다. 하나님께서 처음부터 어떤 가이드라인을 설정하신 이유는 바로 그것 때문이었다.

여호와 하나님이 그 사람에게 명하여 이르시되 동산 각종 나무의 열매는 네가 임의로 먹되 선악을 알게 하는 나무의 열매는 먹지 말라 네가 먹는 날에는 반드시 죽으리라 하시니라 (창 2:16-17).

성경은 온 땅의 소유주가 하나님이라고 분명히 말씀한다. "땅과 거기에 충만한 것과 세계와 그 가운데에 사는 자들은 다 여호와의 것이로다"(시 24:1). 하나님이 온 땅을 소유하셨고 우리는 그것을 다스린다. 하나님은 '지배권 위임'이라고 부를 수 있는 일종의 대여 협정을 통해 우리에게 그 땅을 주셨다. 이 때문에 우리는 온 땅의 소유주이신 하나님께서 맡기신 것으로 책임 있게 살아야 한다. 그분은 우리가 당신의 자산을 얼마나 잘 경영했느냐에 따라 우리를 심판하실 것이다.

예수께서는 비유로 이 원리를 가르치셨다. 세 종에게 각각 일정한 돈을 맡기고 먼 여행길에 오른 한 주인에 대한 비유였다. 그가 떠나 있는 동안 두 종은 그 돈을 지혜롭게 투자하여 두 배로 만들었다. 그러나 세 번째 종은 아무 것도 하지 않은 채, 다만 그 돈을 감추어 놓았다. 주인은 돌아와 자신이 맡긴 돈을 지혜롭게 경영한 두 종을 칭찬하고 더 많은 특권과 책임으로 두 종에게 상을 베풀었다. 그러나 맡은 책임을 게을리했던 종은 내쫓김을 당했을 뿐이다(마 25:14-30을 보라).

천국 대리인인 우리들

인간에게 온 땅을 다스릴 권세를 위임하시면서, 하나님은 인간의 '육체'가 땅 위의 법적 활동에 꼭 필요하다고 하셨다. 이 때문에 하나님의 영이 인간의 타락을 제지할 수 없었다. 하나님이 능력이 없어서 인간의 타락을 막지 못하신 게 아니다. 도리어 인간으로 이 땅을 다스리게 하자는 당신의 말씀에 신실하셨기 때문에 하나님은 그것을 막지 않으셨다.

하나님께는 다른 계획이 있으셨다. 당신의 독생자를 인간과 같은 모습으로 보내시는 것이었다. 하나님은 당신의 뜻을 이루시기 위해 예수님을 육체로 보내셨고, 예수님은 자신의 삶을 통해 아버지의 뜻에 헌신하셨다.

예수님은 우리에게 천국의 비밀을 담은 여러 열쇠를 주셨다. 그 중 하나가 기도의 열쇠다. 기도를 통해 우리는 하나님의 능력을 우리가 사는 지상 영토에 펼칠 수 있다.

> 진실로 너희에게 이르노니 무엇이든지 너희가 땅에서 매면 하늘에서도 매일 것이요 무엇이든지 땅에서 풀면 하늘에서도 풀리리라 진실로 다시 너희에게 이르노니 너희 중의 두 사람이 땅에서 합심하여 무엇이든지 구하면 하늘에 계신 내 아버지께서 그들을 위하여 이루게 하시리라 두세 사람이 내 이름으로 모인 곳에는 나도 그들 중에 있느니라 (마 18:18-20).

이 말씀은 우리에게도 적용된다. 이 땅에서 벌어지는 일에 관한 한, 하늘은 우리가 하는 대로 따른다. 여전히 천국의 대리인인 우리가 매면 하늘도 매며, 우리가 풀면 하늘도 푼다. 바꾸어 말하면, 하나님은 당신께서 이 땅을 다스릴 권세를 부여하셨던 이들이 허락하지 않으면 이 땅에서 아무 일도 하지 않으신다. 따라서 기도가 중요하다. 하나님께서 이 땅 인간사에 '간섭하시도록' 우리가 허용하는 수단이 바로 기도이기 때문이다. 하나님은 무엇이든 하실 수 있다. 그러나 우리에게 지상 권세를 허가하셨기 때문에 그분은 우리가 허용하는 것만을 이 땅에서 행하신다.*

교부 중 한 사람인 어거스틴은 "하나님이 계시지 않으면 우리는 아무것도 할 수 없으며, 우리가 없으면 하나님은 아무 일도 하시지 않을 것이

---

* 이에 대한 상세한 설명은 저자의 책 『하나님을 움직이는 기도』(좋은씨앗)를 참조하라.

다"라고 썼다. 이것이야말로 우리에게 위임된 권세가 어떻게 작동하는지 핵심을 짚어 말한 것이다. 하나님의 능력과 영이 아니면 천국을 위해 이 땅에 영향을 미칠 기회가 우리에게는 전혀 없다. 반면 기도를 통해 우리가 하나님의 개입에 동의하지 않는다면 하나님은 그렇게 하지 않으실 것이다.

하나님께서 끊임없이 우리에게 개입하시길 원한다면 우리는 늘 기도해야 한다. 우리를 대사로 파견한 하나님의 정부와 연락을 취하는 것이 바로 기도이다.

하나님나라 정신

결국 모든 것은 우리가 하나님나라의 대사, 곧 천국시민의 마음을 갖고 있느냐의 문제로 귀결된다. 만일 당신이 시종 무언가를 뒤따라가려 한다면 세상에는 그런 당신을 이용할 사람들로 가득하다. 그러나 당신에게 다스리는 권세가 위임되었다는 증거를 발견하고 거기에 따라 살고자 헌신한다면, 그 무엇도 당신을 막을 수 없다. 그 위임장은 우리 모두의 내면에 있다. 하나님이 거기 두셨기 때문이다.

하나님의 자녀요 예수님의 보혈로 구원받은 우리는 자신의 현재 모습을 헐값에 팔아넘길 수는 없다. 우리는 하나님의 형상대로 창조된 우리의 정체성을 깨달아야만 한다. 우리는 아버지의 아들답게 살며, 천국 시민으로서 우리 권리를 담대하게 주장할 수 있다.

우리는 왕의 자녀이다! 예수님은 "적은 무리여 무서워 말라 너희 아버지께서 그 나라를 너희에게 주시기를 기뻐하시느니라"(눅 12:32)고 말씀하셨다. 하나님께서는 놀라운 특권과 더불어 온 땅을 다스릴 권세와 황공스러운 책임을 우리에게 안겨 주셨다. 우리는 이 땅에서 품삯을 목적으로 일하는 사람이 되지 말자. 도리어 장차 우리가 물려받게 될 영토와 기업임을 잘 알아, 지혜로운 자녀로서 꼼꼼하고 확신 있게 경영해 나가도록 하자.

1. 하나님의 원래 목적과 의도는 눈에 보이지 않는 것(비가시적인 세계)을 통해 눈에 보이는 것(가시적인 세계)을 다스리는 것이었다. 사람을 통해 당신이 다스리는 천국을 온 땅 위에 확장하려고 하셨다.

2. 인간은 온 땅과 그 안에 있는 모든 피조물을 다스리도록 창조되었다. 하나님이 우리에게 주신 것은 땅을 다스릴 권세이지 소유할 권세는 아니다.

3. 하나님은 무엇이든 하실 수 있다. 그러나 우리에게 지상 권세를 허가하셨기 때문에 그분은 우리가 허용하는 것만을 이 땅에서 행하신다. 하나님은 당신께서 이 땅을 다스릴 권세를 부여하셨던 이들이 허락하지 않으면 이 땅에서 아무 일도 하지 않으신다.

4. 하나님의 목적은 그리스도인이 아니라, 왕국 시민들로 이루어진 나라를 세우시는 것이었다.

5. 하나님의 목적은 종이나 신하들이 아니라, 아들들로 이루어진 나라를 세우시는 것이었다.

다시 찾은 천국

구약 성경에는 하나님의 많은 약속이 담겨 있다. 특별히 하나님은 아주 오래 전부터 우리에게 왕이신 메시아의 오심과 그분의 나라가 임할 것을 약속하셨다. 구약 성경에 기록된 모든 예언은 그 왕이 오실 것이며 그 왕이 오셔서 무엇을 하실지에 대해 말씀하고 있다.

모세는 이렇게 예언했다. "네 하나님 여호와께서 너희 가운데 네 형제 중에서 너를 위하여 나와 같은 선지자 하나를 일으키시리니 너희는 그의 말을 들을지니라"(신 18:15).

다윗은 그 나라를 이렇게 말했다. "주의 나라는 영원한 나라이니 주의 통치는 대대에 이르리이다"(시 145:13).

이사야는 그 왕과 그 나라가 임하는 것을 자세히 보았다. "이는 한 아기가 우리에게 났고 한 아들을 우리에게 주신 바 되었는데 그의 어깨에는 정사를 메었고 그의 이름은 기묘자라, 모사라, 전능하신 하나님이라, 영존하시는 아버지라, 평강의 왕이라 할 것임이라 그 정사와 평강의 더함이 무궁하며 또 다윗의 왕좌와 그의 나라를 굳게 세우고 지금 이후로 영원히 정의와 공의로 그것을 보존하실 것이라 만군의 여호와의 열심이 이를 이루시리라"(사 9:6-7).

다니엘은 그 왕과 그 나라를 마치 눈앞에 펼쳐지는 그림처럼 상세하게 보았다. "내가 또 밤 환상 중에 보니 인자 같은 이가 하늘 구름을 타고 와서 옛적부터 항상 계신 이에게 나아가 그 앞으로 인도되매 그에게 권세와 영광과 나라를 주고 모든 백성과 나라들과 다른 언어를 말하는 모든 자들이 그를 섬기게 하였으니 그의 권세는 소멸되지 아니하는 영원한 권세요 그의 나라는 멸망하지 아니할 것이니라"(단 7:13-14). "내가 그 곁에 모여 선 자 중 하나에게 나아가서 이 모든 일의 진상을 물으매 그가 내게 말하여 그 일의 해석을 알려 주며 이르되 그 네 큰 짐승은 세상에 일어날 네 왕이라 지극히 높으신 이의 성도들이 나라를 얻으리니 그 누림이 영원하고 영원하고 영원하리라"(단 7:16-18). "내가 본즉 이 뿔이 성도들과 더불어 싸워 그들에게 이겼더니 옛적부터 항상 계신 이가 와서 지극히 높으신 이의 성도들을 위하여 원한을 풀어 주셨고 때가 이르매 성도들이 나라를 얻었더라"(단 7:21-22). "그러나 심판이 시작되면 그는 권세를 빼앗기고 완전히 멸망할 것이요 나라와 권세와 온 천하 나라들의 위세가 지극히 높으신 이의 거룩한 백성에게 붙인 바 되리니 그의 나라는 영원한 나라이라 모든 권세 있는 자들이 다 그를 섬기며 복종하리라 그 말이 이에 그친지라 나 다니엘은 중심에 번민하였으며 내 얼굴빛이 변하였으나 내가 이 일을 마음에 간직하였느니라"(단 7:26-28).

또한 구약 성경은 메시아이신 왕을 세상에 직접 소개할 한 선지자가 올 것을 말했다. 예언은 요한이 와서 왕과 그 나라의 도래를 위해 사람들을 예비케 할 것이라고 말씀한다.

너희는 내가 호렙에서 온 이스라엘을 위하여 내 종 모세에게 명령한 법 곧 율례와 법도를 기억하라 보라 여호와의 크고 두려운 날이 이르기 전에 내가 선지자 엘리야를 너희에게 보내리니 그가 아버지의 마음을 자녀에게로 돌이키게 하고 자녀들의 마음을 그들의 아버지에게로 돌이키게 하리라 돌이키지 아니하면 두렵건대 내가 와서 저주로 그 땅을 칠까 하노라 하시니라 (말 4:4-6).

천국 모델을 기다리다

아담과 하와. 그들은 하나님께 불순종함으로써 죄를 범했고, 이렇게 함으로써 자신들(과 후대의 모든 사람들)을 천국으로부터 단절시켰다.

창세기 3장은 인간의 타락과 함께 하나님의 회복 약속을 담고 있지만, 그 약속이 성취되기까지는 아주 오랜 시간이 걸렸다. 예수께서 오셔서 천국 소식을 전하셨을 때, 그분은 하나님께서 오랫동안 준비하고 실행하신 계획의 정점이었다. 그 처음과 정점 사이에서 하나님은 역사를 통해 당신의 아들이 사역할 무대와 환경을 마련하고 계셨다.

아담과 하와 이후, 성경에 처음 등장하는 중요 인물은 노아이다. 그는 하나님을 믿으며 그분을 청종했던 의인이었다. 노아와 그의 가족은 방주에 들어가 대홍수를 이겨내고 살아남았다. 그런데 이후 노아는 포도를 재배하다가 거기서 나온 술에 취하게 되었다. 결국 그의 아들들은 각기 제 갈 길로 가며 하나님을 잊어버렸다. 자손들은 우상 숭배와 온갖 죄악에 빠지고 말았다. 그때는 아직 하나님나라가 임할 때가 아니었다.

노아로부터 열 세대가 지났다. 하나님께서는 노아의 아들 셈의 후손인 아브라함에게 말씀하셨다. 하나님께서는 자신을 아브라함에게 계시하시고 그로 하여금 큰 민족을 이루게 하겠다고 언약하셨다. 당시만 해도 아브라함과 그의 가족은 달을 숭배하던 이들이었다. 늘그막에 아브라함은 아들 이삭을 얻었다. 그러나 하나님은 아직 천국이 어떤 모습일지 보여주지 않으셨다.

이삭에게는 두 아들, 에서와 야곱이 있었다. 하나님은 야곱에게 나타나 "내가 너로 큰 민족을 이루게 하고, 네 이름은 이스라엘이 될 것"이라고 하셨다. 이스라엘에게는 열두 아들이 있었는데 이들은 장차 이스라엘 민족을 이루는 열두 지파의 조상이 된다. 하나님은 모세를 통해 이스라엘 민족을 애굽의 종살이에서 구원하시고, 그들을 광야로 인도하신 다음 "너희는 내 백성이 될 것이며, 나는 너희 하나님이 되리라. 내가 너희를 네 조상에게 약속했던 땅으로 인도하리라"고 말씀하셨다. 바꾸어 말하면 하나님께서는 "나는 너희 왕이 될 것이며 너희는 내가 다스리는 나라가 될 것"이라고 하신 것이다.

그러나 잠시 뒤, 이스라엘 백성들은 눈에 보이지 않는 왕에게 염증을 느끼고 보이는 왕을 요구하게 된다. 하나님은 이 백성들이 땅에 속한 왕을 갖는 것을 원치 않으셨다. 그럼에도 불구하고 하나님은 그들의 뜻을 용납하시고 사무엘 선지자를 시켜 사울을 이스라엘 왕으로 세워 그에게 기름을 붓도록 하셨다. 이스라엘 민족이 이 땅에 속한 왕을 좋게 여겨 하나님을 버렸다는 점에서 여전히 천국이 실현되기에는 적합한 때가 아니었다.

사뭇 기대감 있게 출발했던 사울은 하나님께 불순종했고 끝내 버림받게 된다. 하나님께서는 당신의 마음에 맞는 다윗을 사울 대신 왕으로 세우셨다. 다윗은 훌륭한 왕이자 하나님을 사랑했던 용맹한 전사였다. 그는 또 시인이요 예배자였다. 시편의 많은 시들은 그의 노래로 되어 있다. 다윗은 비록 비공식적이었으나 처음으로 제사장과 왕의 직무를 결합시켰던 사람이다. 그는 예배자요 예배에 쓸 찬송을 짓기도 했으며, 지혜롭고 유능한 행정가이기도 했다. 하나님나라의 모델이 조금씩 그 모습을 보이기 시작했다.

그 뒤 다윗은 밧세바와 간음함으로써 일을 망쳐놓았고, 더욱이 그것을 숨기려다 죄를 더 크게 했다. 그는 밧세바의 남편 우리아를 죽였다. 그때부터 다윗은 평생 환난의 그늘에서 벗어나지 못했다. 다윗의 아들이요 지혜롭고 유능한 후계자였던 솔로몬이 죽고 나자, 그들이 건설했던 왕국은 둘로 쪼개졌다. 천국이 나타날 때가 아직 무르익지 않았다.

오랫동안 여러 왕들이 이어 나타났지만 그들 대부분은 하나님을 거역하고 우상을 섬겼다. 결국 북왕국 이스라엘이 먼저 이방의 정복자에게 멸망당했고, 남왕국 유다도 뒤를 따랐다. 북왕국은 앗수르에 합병되어 사라졌고, 유다 왕국도 바벨론에 정복당한 뒤 사람들은 포로로 끌려가 70년을 보내야 했다.

그 포로 중 하나이면서 바벨론의 관원이었던 다니엘은 하나님이 주신 강력한 환상을 보게 되었다. 그 왕국이 소멸되거나 잊혀지지 않으리라는 환상이었다. 하나님께서는 여전히 천국의 모델을 만들어가고 계셨으며 당신의 아들이 오셔서 그 나라를 드러내게 될 때를 준비하고 계셨다. 다니엘은 이런 위대한 일들을 행할 "사람의 아들"(인자)에 대해 얘기했다. 수백 년이 흐른 뒤, 예수께서는 자신을 인자라고 부르시며 이 호칭을 즐겨 사용하셨다.

바벨론이 페르시아에 패망한 뒤, 페르시아인들은 유대인들이 고향으로 귀환하여 성전과 예루살렘 성을 재건하도록 허락한다. 페르시아는 그리스에 무릎을 꿇었는데 그들의 위대한 철학 전통은 지중해 세계 전체에 영향을 미치게 된다. 시간이 흐르자 그리스도 로마에 멸망당한다. 로마인들은 군사 작전, 법 그리고 통치 행정에 천재적이었다. 마침내 하나님이 예비하신 때가 다가오고 있었다. 로마 제국은, 그 구조와 통치 행정으로 보자면 역사 속에서 하나님나라를 닮은 최초의 국가였다. 드디어 하나님은 모델을 발견하셨다.

이전의 제국들과는 달리 로마는 일단 어느 한 나라를 침공하여 점령하면, 총독과 통치 기구는 로마 황제가 임명한 로마인으로 세웠지만 그 땅 토착민은 그대로 두었다. 로마는 정복한 영토를 황제가 임명한 대표자를 통해 다스렸으며, 그 대표자는 황제의 권위로 통치권을 행사했다. 로마에서 파견된 총독은 자신의 관할지를 로마의 복사판이 되도록 다스려야 했다. 로마는 역사상 가장 위대한 제국이 되었다. 이전에 존재했던 어떤 제국보다도 더 훌륭하게 작동했던 통치 조직이 있었기 때문이다.

이제 모든 것이 준비되었다. 로마 제국은 하나님나라를 선포하는 메시지에 맞는 완벽한 모델을 제공했다. 예수께서 선포하시는 하나님나라를 사람들이 쉽게 이해할 수 있도록 해줄 '왕국' 개념이 포함되어 있었기 때문이다. 하나님께서 당신의 아들을 보내실 때가 온 것이다. 천국이 임할 때가 되었다.

바로 그 때에

때가 차매 하나님께서 당신의 아들 예수 그리스도를 이 땅에 보내셨다고 성경은 말씀한다(갈 4:4). 이는 하나님께서 여건이 무르익은 뒤에 비로소 예수님을 보내셨다는 의미다. 예수님께서는 오셔야 할 바로 그 때, 바로 그곳에 역사 속으로 오신 것이다. 2000년 전 이 특정 시기에 예수께서 오신 까닭은 무엇이었을까? 여러 가지 이유가 있겠지만, 그 당시 지상의 위대한 왕국(로마 제국)이 예수께서 가르치실 하나님나라에 대한 직접적인 모델들을 보여주었기 때문이다.

황제가 다스리던 로마 제국은 민주주의 국가가 아니라 왕국이었다. 예수께서 이 땅에 계시는 동안 로마 제국은 당시 사람들이 알고 있던 세계의 대부분을 다스렸다. 로마의 통치, 법, 제도 그리고 문화가 모든 곳에 퍼져 있었다. 예수께서 하나님나라에 대하여 하신 모든 말씀에 상응하는 것이 로마 제국 안에 현실로 존재하고 있었다. 이 때문에 예수님의 말씀을 들었던 사람들은 쉽게 그분의 말씀을 이해할 수 있었다.

예를 들면, 사람들은 로마의 원로원을 '에클레시아' ecclesia라고 불렀는데, 이는 그리스어로 '회중' 또는 '부름 받은 사람들' 이라는 뜻을 가지고 있다. 제국의 모든 지역에서 그리스어와 라틴어가 널리 사용되었다. 예수께서는 팔레스타인에 사는 유대인들의 공용어인 아람어로 말씀하셨지만, 신약 성경은 본디 그리스어로 기록되었다. 복음서 기자들은 예수께서 당신의 '교회' 를 세우실 것임을 말씀하시는 대목에서 '에클레시아' 라는 말을 사용하고 있다. 로마 황제가 부름 받은 사람들이 모인 원로원을 가지고 있었듯이 살아 계신 하나님의 아들이시요 왕 중의 왕이신 예수 그리스도께서도 부름 받은 사람들로 이루어진 그의 회중, 곧 교회를 소유하신다.

또한 로마 황제는 자신의 형상과 새김글이 들어 있는 주화들을 발행했다. 황제의 형상을 담고 있는 것은 무엇이든 황제 소유이며 황제는 그것을 주장할 권리가 있었다. 이와 마찬가지로 사람들은, 하나님의 형상과 소유 인장이 찍혀 있는 것은 전부 하나님의 것이며 하나님께는 그것을 주장하실 권리가 있음을 이해했다.

하나님께서는 당신을 위해 세상을 창조하셨다

창조의 근본 원리 중 하나는 그 존재 목적과 살아갈 환경에 맞게 하나님께서 피조물들을 설계하셨다는 것이다. 바꾸어 말하면 공중을 나는 새들을 만드실 때, 하나님은 날개와 날고자 하는 욕구를 주셨다. 물고기들을 만드실 때는 그들 안에 헤엄칠 수 있는 능력과 물 속에서도 숨쉴 수 있는 아가미를 주셨다. 이처럼 하나님은 인류를 창조하시고 이 땅을 다스릴 권세를 부여하실 때 우리에게 온 땅과 거기에 있는 피조물 그리고 자원들을 다스리고 이끌며 관리할 수 있는 능력을 주신 것이다. 우리는 다스리고 통치하도록 지음 받았다.

하나님은 우리가 하나님의 권세에 복종하면서 하나님나라의 제2인자로 피조 세계를 다스리기 원하셨다. 그분은 그 목적에 합당하게 우리를 설계하시고, 우리 안에 영과 내면의 능력을 두셔서 지음 받은 목적을 완수하는 데 적합하도록 하셨다.

그런데 도리어 우리는 자신의 자긍심, 탐욕, 열정, 욕망 그리고 이기심의 지배를 받는 세상에서 살아가고 있다. 죄를 만들어 낸 자요 인류의 타락을 충동했던 대적자 사탄이 세상을 지배하고 있는 것이다. 하나님은 우리를 주관하는 자로 만드셨지만 일상의 삶에서 우리는 전혀 다른 것을 경험한다. 우리가 창조의 목적을 완수하지 못했기 때문에 맛보는 좌절이다. 우리가 사는 환경은 지음 받은 목적에 합당한 곳이 아니다. 그 때문에 우리는 본분을 제대로 수행하지 못하고 있다.

우리가 지음 받은 목적을 완수하며 사는 열쇠는 하나님의 처음 의도대로 지상의 영토에서 우리가 가졌던 지도자의 지위를 되찾는 것이다. 이를 위해서는 우리를 둘러싸고 있는 이 두 왕국(곧, 하나님나라와 지상의 나라) 속으로 자신을 적절히 통합하여 침투시키면서도, 이 두 나라 사이의 차이를 이해해야 한다.

지도력의 씨앗들

하나님께서 우리를 창조하셨을 때 그분은 우리가 하나님의 원 계획과 목적을 완수하는 데 필요한 모든 것을 주셨다. 하나님께서는 우리를 이 끄는 자로 지으셨기 때문에 지도력의 씨앗이 우리 안에 존재한다. 하나 님의 능력으로 활동할 준비가 될 때까지 씨앗은 휴면休眠 상태였다. 이런 점에서 지도자의 자질 내지 능력은 이미 우리 안에 존재하고 있기 때문 에 따로 배워야 할 것은 아니다. 다만 우리 안에 이미 존재하는 지도력을 발견하고 배양하는 것이 필요하다.

어떤 사람들은 우리 속에 지도력이 잠재해 있다는 말이 무슨 의미인 지 물을 것이다. 자신에게는 지도자가 될 만한 능숙함, 자질, 능력 또는 경험이 없다고 생각할 수도 있다. 사실 다른 사람이 뭐라 말하고 생각하 든, 나아가 우리가 스스로를 어떻게 생각하든 그것은 문제가 되지 않는 다. 중요한 것은 "하나님께서 나를 어떻게 보시는가"이다. 창조주 하나 님은 우리 각 사람의 내면에 무엇이 있는지 알고 계신다. 하나님은 당신 을 지상의 영토를 다스리는 지도자요 통치자로 보신다. 하나님은 이를 위해 우리를 만드셨다.

불가능한 일을 하도록 부르심 받다

성경은 평범한 상황에서 하나님의 부르심을 받아 불가능한 일을 하도 록 명령을 받은 사람들 이야기로 가득하다. 자식이 없던 아브라함과 사 라는 이미 노년에 접어들었다. 자녀를 낳을 수 있는 나이가 훨씬 지났는

데도 하나님은 이 부부에게 "너희가 아들을 낳을 것이며, 그가 큰 민족을 이룰 것"이라고 말씀하셨다.

기드온의 가족은 이스라엘의 지파들 중에 가장 미약했다. 그리고 하나님은 그 가족 중 가장 젊었던(어렸던) 기드온에게 나타나셨다. 하나님께서는 기드온을 '큰 용사'(삿 6:12)라고 부르셨고, 그를 사용하사 약탈자 미디안 족속의 손에서 당신의 백성들을 구원하셨다.

가족들이 보기에 다윗은 그저 양떼나 치기에 알맞은 꼬마일 뿐이었다. 그런데도 하나님께서는 "네가 왕이라"고 말씀하시면서 사무엘을 보내어 그에게 기름을 붓게 하시고 왕으로 세우셨다.

요셉이 이집트에서 노예로 살아갈 때 하나님은 "너는 통치자"라고 말씀하시면서 그를 파라오 다음 자리인 총리의 지위에 앉히셨다.

하나님께서 말씀하실 때에는 우리의 외부 환경과 개인적인 특성들 너머에 있는 것들을 보시면서 우리 속의 지도자에게 말씀하신다. 우리가 어디서 일하든 직업이 무엇이든, 우리는 자신의 일을 지도자의 능력을 발휘하도록 하나님이 주신 기회로 여겨야 한다. 우리가 받는 급료에 불평하지 말아야 한다. 그 누구도 우리의 가치에 해당하는 삯을 지불할 수 없을 정도로, 우리는 이미 귀한 존재이기 때문이다. 단지 먹고살기 위해 돈을 버는 것이 아니다. 우리는 일을 통해 세상에서 우리가 서 있어야 할 지도자의 자리에 익숙해지도록 훈련받는 것이다.

믿는 우리들은 모두 전능하신 하나님, 곧 왕의 자녀이다. 두 왕국 사이를 무사히 항해하려면 가장 먼저 왕의 자녀처럼 생각하고 행동하는 법을 배워야 한다. 영적인 실재 안에서 우리는 모두 왕자요 공주이다. 그런데 이 땅에서 우리 대부분은 아직 거기 이르지 못했다. 부정적인 생각이 우리의 정신 작용을 방해하곤 한다. 왕족처럼 생각하는 것을 배우지 못한 탓에 우리는 여전히 탕자처럼 행동하면서 종이 받을 분깃만을 구하고 있다.

하나님께서는 우리가 눈을 열어 놀라운 것을 보기 원하신다. 진정 하나님의 자녀들로서 우리는 우리에게 속한 모든 것을 요구할 수 있다. 하나님의 나라에서 그분의 아들딸로 살아갈지 아니면 세상 나라의 백성으로 살아갈 것인지 우리는 홀로 결단해야 한다.

무지의 나라 · 빛의 나라

성경에서 '어둠'은 무지를 상징하는 말로 자주 사용되는 반면, '빛'은 지식을 대변한다. 따라서 어둠의 나라는 "무지를 이용하여 다스리는 영역"이다. 사탄은 그에게 복종하는 '백성들'이 무지함 속에 헤매게 하면서 그들을 통치한다. 어두움에 거하는 자들은 하나님의 나라가 존재한다는 것도 모른다. 사탄은 사람들의 머릿속을 거짓과 속임수로 가득 채워 넣으며, 영적 진리에 관한 한 '암흑 상태'에 둠으로써 그들을 통제하는 것이다. 사탄은 예수께서 선포하신 영광의 복음과 천국을 이해하지 못하도록 그들의 마음눈을 멀게 한다.

바울 사도는 그것을 이렇게 표현했다. "그 중에 이 세상의 신이 믿지 아니하는 자들의 마음을 혼미하게 하여 그리스도의 영광의 복음의 광채가 비치지 못하게 함이니 그리스도는 하나님의 형상이니라"(고후 4:4).

어둠이 무지를 상징하는 것과 달리 빛은 지식을 상징한다. 천국은 빛의 나라이며, 그 빛은 주님이 주시는 지식의 빛이다. 하나님께서 다스리시는 빛의 나라는 그리스도 안에 있는 은혜, 용서 그리고 구원을 아는 지식을 가져다준다. 바울 사도는 골로새서에서 하나님을 이런 분으로 그렸다. "우리로 하여금 빛 가운데서 성도의 기업의 부분을 얻기에 합당하게 하신 아버지 … 그가 우리를 흑암의 권세에서 건져내사 그의 사랑의 아들의 나라로 옮기셨으니 그 아들 안에서 우리가 속량 곧 죄 사함을 얻었도다"(골 1:12-14).

어둠과 빛, 무지와 지식은 서로 늘 갈등을 빚는 적대 관계에 있다. 우리는 무지라는 암흑 속을 걸어가든지 지식의 빛 속에서 행하든지, 둘 중 한 길을 갈 뿐이다. 어둠과 빛은 결코 공존할 수 없다.

사탄의 가장 강력한 무기는 무지인데, 그 무기를 사용하기 위해 사탄은 먼저 참 지식을 파괴하거나 왜곡시킨다. 에덴 동산에서 아담과 하와에게 했던 일이 바로 이것이다. 사탄은 그들 지식의 근원과 실체를 공격함으로써 그들을 속였다.

하나님은 그들을 보호하기 위해 미리 아담에게 뭔가를 알려주셨다.

"여호와 하나님이 그 사람에게 명하여 이르시되 동산 각종 나무의 열매
는 네가 임의로 먹되 선악을 알게 하는 나무의 열매는 먹지 말라 네가 먹
는 날에는 반드시 죽으리라"(창 2:16-17). 아담은 지식을 얻었다. 넘어가
서는 안 될 경계와 하나님이 기대하시는 바를 알게 되었다. 그는 이 지식
을 하와에게 전해 주었다. 그들이 하나님께 순종하며 정하신 경계를 지
키는 한, 그들은 생육하고 번성하며 창조주와 더불어 한계없는 교제를
누릴 수 있었다.

뱀이요 속이는 자인 사탄은 너무나 간교하게 접근했다. 그는 감히 하
나님을 직접 공격하지 못하기에 아담과 하와의 생각에 불신의 씨를 뿌렸
다. '하나님이 참으로 그렇게 말씀하시더냐?' 그 후 사탄은 여자에게 하
나님이 정직하게 말씀하지 않으셨다고 한다.

사탄의 책략으로 말미암아, 아담과 하와는 하나님께서 주신 지식을
왜곡된 모습으로 이해하게 되었다. 그들은 이미 하나님과 같은 존재였음
에도 불구하고, "하나님과 같이" 될 것이라는 마귀의 농간과 술책에 넘
어갔다. 일단 마귀가 던진 미끼를 물자 그들은 죄에 빠져 마귀 같은 존재
가 되었다.

두 나라 사이의 전투

사탄의 전술은 여전히 먹혀들고 있다. 사탄은 우리가 하나님께 받은

지식을 의심하게 만들면서 줄기차게 공격한다. 하나님께서 우리에게 뭔가를 말씀하시면 사탄은 그것과는 다른 것을 우리에게 얘기한다. 가령 하나님께서 "내 아들이 채찍에 맞음으로 오늘날 너희가 나음을 입었다"라고 말씀하셨다면 사탄은 이런 식으로 말한다. "아니, 넌 아직도 고통을 느끼고 있잖아." 이처럼 서로 충돌하는 두 개의 정보가 우리 마음에 들어오면 무엇이 사실이고 참인지, 어느 것을 믿고 따라야 할지, 어떤 것을 거부할 것인지 결정해야 한다. 만일 우리가 고통은 여전히 존재한다고 믿는다면 이미 나음을 입었다는 사실도 모른 채 우리는 여전히 "어둠 속에" 머무르게 된다.

하나님나라와 사탄의 나라는 이렇게 서로 대립한다. 어둠의 나라는 우리를 속이며 파괴하려고 애쓰며, 빛의 나라인 하나님나라는 우리에게 생명을 준다. 이곳을 다스리시는 예수 그리스도께서 빛이요 생명이시기 때문이다(요 1:4 참조). 하나님의 계획은 당신의 아들이 다스리는 나라가 대적자 마귀가 통치하는 어둠의 나라를 무너뜨리고 그 영토를 회복하는 것이었다. 그 날이 오면 요한계시록 11장 15절의 말씀이 실현될 것이다. "세상 나라가 우리 주와 그의 그리스도의 나라가 되어 그가 세세토록 왕 노릇 하시리로다." 이 계획은 그분이 정하신 때에 틀림없이 이루어진다.

그 날이 올 때까지 신자들은 빛의 나라와 어둠의 나라 사이에서 절묘한 중심을 잡으며 삶의 여정을 항해해 가야만 한다. 주님은 "그가 빛 가운데 계신 것 같이 우리도 빛 가운데 행[하도록]"(요일 1:7) 우리를 부르셨다. "너희는 세상의 빛이라 … 이같이 너희 빛이 사람 앞에 비치게 하여 그들로 너희 착한 행실을 보고 하늘에 계신 너희 아버지께 영광을 돌리게 하라"(마 5:14, 16).

그리스도 안에 있는 우리는 여전히 사탄의 속임에 빠져 어둠의 덫에 걸려 있는 사람들의 무지를 밝혀주는 일을 해야 한다. 예수께서도 그 일을 하셨다. "그러므로 예수께서 자기를 믿은 유대인들에게 이르시되 너희가 내 말에 거하면 참으로 내 제자가 되고 진리를 알지니 진리가 너희를 자유롭게 하리라"(요 8:31-32).

예수께서 십자가에 달려 돌아가심으로써 죄의 권세는 영원히 무너졌다. 그가 무덤에서 살아나심으로써 죽음은 영원히 정복되었다(고전 15:55-57 참조). 우리는 갈보리에 교두보를 둔 채, 마귀가 다스리는 사악한 암흑의 왕국으로부터 인류를 구해내는 일에 총력전을 펼치며 앞으로 나가야 한다.

1. 하나님은 우리가 그분의 권세 아래, 제2인자로 이 피조 세계를 다스리
   도록 하셨다. 우리는 이 세상에서 하나님 다음가는 통치자들이며 지
   상에 있는 하나님나라이다.

2. 하나님께서 우리를 피조 세계를 지도할 자로 지으셨기에 지도력의 씨
   앗이 우리 안에 있다. 하나님의 능력으로 활동할 준비가 될 때까지 씨
   앗은 휴면休眠 상태였다.

3. 지상에 있는 하나님왕국은 인간의 마음과 영혼 안에 하나님의 통치가
   임한 것이다. 그리고 천국은 그 통치가 인간의 지상 환경에 영향을 미
   치는 것을 말한다.

4. 하나님나라는 빛의 나라이며, 그 빛은 주님을 아는 지식의 빛이다.

5. 무지의 해독제는 지식이다. 지식은 진리를 통해 주어지며, 진리는 자
   유를 가져온다.

6. 그리스도 안에 있는 우리는 여전히 사탄의 속임에 빠져 어둠의 덫에
   걸려 있는 사람들의 무지를 밝혀주는 일을 해야 한다.

7. 우리가 하나님과 올바른 관계에 있을 때, 하나님은 당신의 나라와 그
   통치를 우리 삶 속에 확장시키고 나아가 우리를 통해 이 땅을 통치하
   실 수 있게 된다.

천국을 보여주는 사람들

몇 년 전, 9·11 테러 사건 직후에 일어난 일이다. 나는 펜실베니아의 한 모임에서 강의할 예정이었다. 비행기로 피츠버그 공항에 도착했는데 공항 터미널을 빠져나올 수가 없었다. 안전 요원들이 승객들을 하나하나 검색중이었고, 검색대를 통과하기 위해 승객들은 기다랗게 줄을 서서 하염없이 차례를 기다리고 있었다. 수하물을 찾는 곳은 전쟁터를 방불했다. 한 시간 넘게 꼼짝 못하고 갇혀 있다가, 겨우 밖으로 빠져나왔다. 공항 터미널 바깥도 예외는 아니었다. 도로 곳곳이 주차장이었고 사방에 경찰, 보안 요원 그리고 군인들이 늘어서 있었다. 또다시 테러가 일어난 듯했다. 간신히 택시를 잡았다. 운전기사는 신경이 곤두서 있었다.

나는 도대체 무슨 일이 벌어진 거냐고 기사에게 물었다. 그는 온 시내의 교통이 마비 상태고, 언제 어디서든 검문을 받을지 모른다고 불평했다. 사흘 뒤에 미국 대통령이 피츠버그에 온다는 것 때문이었다. 이런! 사흘 뒤에나 올 한 사람 때문에 도시 전체가 이 난리법석을 떨었단 말인가!

공항을 빠져 나오면서 모든 나라에서는 왕이 올 때 그런 일이 벌어진 다는 것을 생각하게 되었다. 내가 태어나서 지금도 살고 있는 바하마는 영국 식민지다.* 그래서 여왕이나 왕족 중에 누군가가 우리 섬(바하마)에 온다고 하면 여러 달 전부터 그들을 맞을 준비를 시작한다. 거리를 청소하고, 가로등을 닦으며, 학교에는 새 페인트칠을 하고 깃발을 내거는 것 외에도 많은 것들을 준비한다. 왕이 올 것이라는 발표가 나면 오래 전부터 맞을 준비에 부산을 떤다.

세례 요한의 역할이 이와 같았다. 그는 왕의 오심을 선포한 사람이었다. 요한의 직무는 하나님나라를 도래케 하실 왕이 오실 길을 미리 준비하는 것이었다. 성경은 요한을 이렇게 묘사한다.

그 때에 세례 요한이 이르러 유대 광야에서 전파하여 말하되 회개하라 천국이 가까이 왔느니라 하였으니 저는 선지자 이사야를 통하여 말씀하신 자라 일렀으되 광야에 외치는 자의 소리가 있어 가로되 너희는 주의 길을

준비하라 그의 오실 길을 곧게 하라 하였느니라 (마 3:1-3).

나는 선지자 이사야의 말과 같이 주의 길을 곧게 하라고 광야에서 외치는
자의 소리로라 (요 1:23).

요한은 어떤 종교가 아니라 천국을 전했다. 요한은 성경 전체를 보더
라도 가장 독특한 선지자였다. 예수께서는 요한을 가리켜 모든 선지자들
중에 가장 큰 자라고 말씀하셨다(마 11:11 참조). 요한 이전의 선지자들
은 모두 메시아이신 왕의 오심과 하나님나라가 임할 것만을 이야기했지
만, 요한은 그 나라의 왕을 공포하고 소개하며 그분을 뵙고 세례(침례)를
주는 특권이 있었기 때문이다.

예수님의 원래 사명

인생에서 가장 큰 비극은 죽음이 아니다. 가장 큰 비극은 목적이 없는
삶이다. 삶의 목적을 발견했을 때 가장 중요한 것을 발견한 것이다. 목적
을 분명히 깨닫지 못하면 인생은 단지 실험에 불과하다. 목적이 있을 때
올바른 결정을 내린다.

인류를 향한 하나님의 목적과 계획이라는 중요한 주제를 토론할 때는
예수 그리스도의 목적, 그분의 말씀 그리고 감당하신 사명으로 다시 돌

아가야만 한다. 예수께서 이에 관해 스스로 선포하셨던 말씀을 몇 군데 살펴보자.

이 때부터 예수께서 비로소 전파하여 이르시되 회개하라 천국이 가까이 왔느니라 (마 4:17; 마 10:7 참조).

예수께서 이르시되 내가 다른 동네들에서도 하나님의 나라 복음을 전하여야 하리니 나는 이 일을 위해 보내심을 받았노라 하시고 갈릴리 여러 회당에서 전도하시더라 (눅 4:43-44)

이 천국 복음이 모든 민족에게 증언되기 위하여 온 세상에 전파되리니 그제야 끝이 오리라 (마 24:14).

그 후에 예수께서 각 성과 마을에 두루 다니시며 하나님의 나라를 선포하시며 그 복음을 전하실새 열두 제자가 함께 하였고 (눅 8:1).

무리가 알고 따라왔거늘 예수께서 그들을 영접하사 하나님 나라의 일을 이야기하시며 병 고칠 자들은 고치시더라 (눅 9:11).

율법과 선지자는 요한의 때까지요 그 후부터는 하나님 나라의 복음이 전파되어 사람마다 그리로 침입하느니라 그러나 율법의 한 획이 떨어짐보다 천지가 없어짐이 쉬우리라 (눅 16:16-17).

빌라도가 이르되 그러면 네가 왕이 아니냐 예수께서 대답하시되 네 말과 같이 내가 왕이니라 내가 이를 위하여 태어났으며 이를 위하여 세상에 왔나니 곧 진리에 대하여 증언하려 함이로라 무릇 진리에 속한 자는 내 소리를 듣느니라 (요 18:37).

이 구절들은 예수께서 자신의 사명과 목적에 대해 선포하신 말씀 중 일부만을 고른 것이다. 그분은 모든 사람에게 하나님나라를 선포하고 확증하여 이들이 그 왕국에 들어가기를 원하셨다. 예수께서는 어떤 종교가 아니라, 한 나라가 임했음을 선포하셨다. 요컨대 예수께서는 이 땅에 통치 정부를 가져오신 것이다.

온유한 자는 복이 있나니 그들이 땅을 기업으로 받을 것임이요 (마 5:5).

하늘이 아니라 땅을 유업으로 받을 것이라는 약속이 흥미롭다. 하나님의 나라가 이 땅에 회복되면서 예수께서는 이 땅과 그에 속한 모든 것을 다스리실 것을 선포하셨다.

> 그러나 내가 하나님의 성령을 힘입어 귀신을 쫓아내는 것이면 하나님의 나라가 이미 너희에게 임하였느니라 (마 12:28).

이 말씀은 아담이 불순종으로 말미암아 잃어버렸던 다스림의 권세가 회복됨을 가리키는 듯하다. 그리고 그 왕국을 통해 천국의 통치와 영향력이 이 땅에 미치게 되었다. 이러한 말씀은 하나님의 성령을 받아 이 땅과 환경을 다스릴 권세가 회복되어 결국 땅과 하늘이 다시 이어짐을 의미했다. 이 말씀을 '좋은 소식' 또는 복음이라고 부르는 이유가 바로 이것이다.

하나님나라 메시지는 이제까지 인류에게 전파된 소식 가운데 가장 중요한 것이다. 예수께서는 이 나라가 임했음을 선포하고 이 나라를 당신의 죽음과 부활을 통해 사람들의 마음에 건설하시려고 이 땅에 오셨다. 예수 그리스도는 하나님의 아들로서 아버지와 정확히 같은 형상이셨기에 이 땅에서 아버지를 완벽하게 대표하셨다. 당신을 믿고 따르는 모든 이들에게 예수께서는 천국 시민권을 회복시켜 주시고 당신의 영을 나누어 주셨다. 그 결과, 이들은 이 땅에서 하나님과 천국 정부를 대표할 수 있게 되었다. 이렇게 대표하는 것을 가리켜 '외교'라고 부른다. 다음 말씀은 우리 시대의 정부를 포함한 모든 나라(왕국)에 공통되는 내용이며 정치적인 성격을 갖고 있다. 다른 나라에 파견할 정부의 공식 대표인 대사를 임명할 때 늘 사용하는 말이다. 이것은 종교적인 차원이 아니라, 정부 차원의 행위인 것이다.

내 아버지께서 내게 한 왕국을 맡기신 것같이 나도 너희에게 맡기어 (눅 22:29, 흠정역).

이 땅에 파견된 천국 대사들

모든 나라는 자신의 이해관계를 다른 나라에서 대표하기 위해 대사와 외교 사절을 임명한다. 천국도 이와 다르지 않다. 천국이야말로 이런 나라들의 원형原形이기 때문이다. 하나님께서는 종교인이 아니라 인간 대표자들을 통해 천국의 말씀을 이 땅에 알리기로 하셨다. 하나님은 천국을 선포하기 위해 대사들을 파견하는 전략을 택하셨다. 대사는 정부가 임명했으며, 그의 직무는 다른 나라의 통치자 앞에서 자기 정부를 대변하는 일이다. 훌륭한 대사는 개인적인 의견을 말하지 않고 그를 임명한 정부의 공식 정책만을 대변한다.

이와 마찬가지로, 하나님의 사람들은 그분이 이 땅에 보내신 대사들이다. 성경은 이 사실을 분명하게 가르친다. 하나님은 모세를 택하사 이집트의 종이었던 이스라엘 백성들을 구원하고 그들 앞에서 하나님을 대변하게 하셨다. 선지자들도 하나님을 대변했다. 하나님을 떠난 백성에게 하나님의 경고와 심판의 말씀을 선포했다. 고린도후서 5장 20절에서 바울은 이렇게 쓴다.

> 그러므로 우리는 그리스도의 대사로서 그분을 대신하여 여러분에게 간청합니다. 이는 하나님께서 우리를 시켜 여러분에게 하시는 말씀이기도 합니다. 그리스도께서 여러분에게 주신 사랑을 받아들이고 하나님과 화해하십시오. (현대어성경)

천국 대사인 우리는 이 땅에서 아버지 나라를 대표하고 있다. 우리가 대사로 효과적으로 일하려면, 그 뜻을 잘 이해해야 한다.

대사의 특징

대사는 모든 나라에서 정치적인 독특함이 있다. 여기서 몇 가지 중요한 특징들을 살펴보겠다.

- 선거를 통해 취임하는 것이 아니라, 왕이 임명한다.
- 한 나라 또는 왕국을 대표하도록 임명된 자리다.
- 오직 자신을 파견한 국가의 이익을 위해 일한다.
- 자신을 파견한 나라의 모습을 구체적으로 드러낸다.
- 자신을 파견한 나라로부터 필요한 모든 것을 공급받는다.

- 자신을 파견한 국가가 책임을 진다.

- 자신을 파견한 정부로부터 철저한 보호를 받는다.

- 자신이 부임한 나라의 시민이 될 수 없다.

- 왕이나 대통령만이 그를 소환할 수 있다.

- 임무 완수를 위해 모든 국가 재산에 접근할 수 있다.

- 어떤 문제든지 사사로운 위치에서 말하는 것이 아니라, 자신을 파견한 국가의 입장을 공식적으로 대변한다.

- 그의 목표는 자신을 파견한 나라를 위해 파견된 나라에서 영향력을 발휘하는 것이다.

이 모든 것들이 하나님나라 메시지와 사역에 고스란히 들어 있으며, 대사들의 수장首長이신 예수 그리스도께서 이를 완벽하게 보여 주셨다.

각각의 천국 시민들에게도 마찬가지 원리가 적용된다. 이들은 땅에서 천국을 대표하도록 하늘 정부가 임명한 사람들이기 때문이다. 주님은 우리가 이 땅에서 하나님나라 사명을 완수하는 데 필요한 모든 것을 하늘 정부가 공급해 주실 것이라고 말씀하셨다. 그러기에 자기 삶에 내하여 아무 것도 염려하지 말고 다만 하나님나라에 초점을 맞추라고 권면하신 것이다.

왕이신 예수님은 몸소 그 정부를 대표하여 자신의 '외교 임무'를 말씀하셨다.

그러므로 예수께서 그들에게 이르시되 내가 진실로 진실로 너희에게 이르노니 아들이 아버지께서 하시는 일을 보지 않고는 아무 것도 스스로 할 수 없나니 아버지께서 행하시는 그것을 아들도 그와 같이 행하느니라 (요 5:19).

내가 아무 것도 스스로 할 수 없노라 듣는 대로 심판하노니 나는 나의 뜻대로 하려 하지 않고 나를 보내신 이의 뜻대로 하려 하므로 내 심판은 의로우니라 (요 5:30).

내가 너희에게 대하여 말하고 판단할 것이 많으나 나를 보내신 이가 참되시매 내가 그에게 들은 그것을 세상에 말하노라 (요 8:26).

이에 예수께서 이르시되 너희는 인자를 든 후에 내가 그인 줄을 알고 또 내가 스스로 아무 것도 하지 아니하고 오직 아버지께서 가르치신 대로 이런 것을 말하는 줄도 알리라 나를 보내신 이가 나와 함께 하시도다 내가 항상 그가 기뻐하시는 일을 행하므로 나를 혼자 두지 아니하셨느니라 (요 8:28-29).

내가 내 자의로 말한 것이 아니요 나를 보내신 아버지께서 내가 말할 것과 이를 것을 친히 명령하여 주셨으니 나는 그의 명령이 영생인 줄 아노

라 그러므로 내가 이르는 것은 내 아버지께서 내게 말씀하신 그대로니라
(요 12:49-50).

예수께서 이르시되 빌립아 내가 이렇게 오래 너희와 함께 있으되 네가 나를 알지 못하느냐 나를 본 자는 아버지를 보았거늘 어찌하여 아버지를 보이라 하느냐 나는 아버지 안에 거하고 아버지는 내 안에 계신 것을 네가 믿지 아니하느냐 내가 너희에게 이르는 말은 스스로 하는 것이 아니라 아버지께서 내 안에 계셔서 그의 일을 하시는 것이라 내가 아버지 안에 거하고 아버지께서 내 안에 계심을 믿으라 그렇지 못하겠거든 행하는 그 일로 말미암아 나를 믿으라 내가 진실로 진실로 너희에게 이르노니 나를 믿는 자는 내가 하는 일을 그도 할 것이요 또한 그보다 큰 일도 하리니 이는 내가 아버지께로 감이라 (요 14:9-12).

우리 역시 천국이 파견한 대사라고 나는 단언한다. 우리는 이 땅에서 우리를 보낸 정부의 생각, 의지, 목적 그리고 의도를 대변한다. 우리를 통해 하나님나라가 임할 수 있고, 하나님의 뜻이 하늘에서 이루어지듯 땅에서도 이루어진다. 우리는 개인의 의견이나 생각이 아니라, 오직 하늘의 정부가 말하는 것만 얘기해야 한다. 따라서 누군가가 대사들에게 이런저런 사안에 대하여 질문해 온다면, 그는 다만 모든 문제에 대해 헌법(성경)이 말하는 것을 인용할 수밖에 없다. 종교를 전하는 사절이 아니

라 천국 정부의 대사가 되자.

회개, 하나님나라 관점에서 자신을 돌아보기

요단강에서 요한에게 세례를 받으시고 광야에서 40일을 보내시며 사탄의 유혹을 물리치신 다음, 예수께서는 다음과 같은 말씀과 함께 지상 사역을 시작하셨다.

이 때부터 예수께서 비로소 전파하여 이르시되 회개하라 천국이 가까이 왔느니라 (마 4:17).

예수님은 지구라는 행성에 하나님의 계획을 소개하려고 오셨으며, 그분이 외친 첫 마디는 "회개하라"였다. 우리 마음을 바꾸어야만 한다는 것이다.

회개는 지금까지 걸어온 길을 멈추고 방향을 바꾸어 반대 방향으로 가는 것을 말한다. 회개하라는 말씀을 더 잘 표현한다면 아마도 '생각과 사고체계를 바꾼다'가 될 것이다. 먼저 방향을 돌리기로 생각을 바꾸어야 우리는 그쪽으로 나아갈 수 있다.

하나님왕국에서는 투표란 것이 없다. 하나님의 말씀이 최고이며 절대적이다. 이미 하나님이 왕위에 계시고, 그 자리를 영원히 지키신다. 그 통치는 무한하며 중단도 없고 전복될 수도 없다. 하나님나라에서는 다수결의 원리가 통하지 않는다. 설령 지상 사람들 대다수가 하나님을 알지 못하여 그분께 반역한다 해도 하나님은 영원히 모든 피조물의 주권자이시다.

우리 모두는 욥으로부터 교훈을 얻을 수 있다. 욥은 하나님께 커다란 복을 받아 가족이 하나님을 경외하고 부유했다. 그러나 하나님은 사탄에게 그의 믿음을 시험하도록 허락하셨고 욥은 모든 것을 잃었다. 많은 환난과 고통이 찾아왔다. 그 중에는 똑똑하다는 친구들의 쓸 데 없는 충고도 있었다. 이러면서 욥은 하나님과 변론하기를 원했다. 자신이 불공정한 대우를 받고 있다고 믿었기 때문이다. 바로 그 때, 하나님은 욥에게 오셔서 그가 있던 자리, 하나님과 욥의 관계가 본질적으로 어떤 것인지 되새겨 주셨다.

그 때에 여호와께서 폭풍우 가운데에서 욥에게 말씀하여 이르시되 무지한 말로 생각을 어둡게 하는 자가 누구냐 너는 대장부처럼 허리를 묶고 내가 네게 묻는 것을 대답할지니라 내가 땅의 기초를 놓을 때에 네가 어디 있었느냐 네가 깨달아 알았거든 말할지니라 누가 그것의 도량법을 정하였는지, 누가 그 줄을 그것의 위에 띄웠는지 네가 아느냐 그것의 주추는 무엇 위에 세웠으며 그 모퉁잇돌을 누가 놓았느냐 (욥 38:1-6).

여기서 하나님은 욥에게 어지러울 정도로 질문을 퍼붓기 시작하신다. 38장부터 41장까지 네 장에 걸쳐 하나님은 자신에게 닥친 환난이 누구 책임인지 의심하는 욥의 모든 의심을 제거하신다. 하나님의 변론이 끝나자 욥은 '마음을 바꾼다.' 완전히 새로운 태도로 더욱 겸비한 모습을 보이게 된다.

> 욥이 여호와께 대답하여 이르되 주께서는 못 하실 일이 없사오며 무슨 계획이든지 못 이루실 것이 없는 줄 아오니 무지한 말로 이치를 가리는 자가 누구니이까 나는 깨닫지도 못한 일을 말하였고 스스로 알 수도 없고 헤아리기도 어려운 일을 말하였나이다 내가 말하겠사오니 주는 들으시고 내가 주께 묻겠사오니 주여 내게 알게 하옵소서 내가 주께 대하여 귀로 듣기만 하였사오나 이제는 눈으로 주를 뵈옵나이다 그러므로 내가 스스로 거두어들이고 티끌과 재 가운데에서 회개하나이다 (욥 42:1-6).

욥은 회개했다. 그가 마음을 바꾸자 모든 것이 바뀌게 된다. 그는 "하나님나라 관점에서" 자기 삶을 바라보았다. 하나님은 우리가 좌지우지할 수 없는 분이다. 그분은 대통령이 아니라 왕이시다. 우리가 투표로 그분을 선출하지 않았으며 마찬가지로 투표로 내몰 수도 없다. 우리는 민주주의에 길들여진 사고방식을 제쳐 놓고 하나님나라 시민처럼 생각하기 시작해야 한다.

천국 열쇠, 천국복음의 전파

우리가 건강한 하나님나라 관점을 소유하게 된다면 성경이 그리스도의 재림과 계시록의 여러 주제들에 대해 어떻게 말씀하는지 분명하고 올바른 이해를 갖게 된다. 이것은 중요하다. 하나님나라 시민인 우리는 그리스도의 재림을 준비하는 데 아주 중요한 역할을 맡고 있기 때문이다.

어느 날, 예수님의 제자들이 오랜 세월 동안 많은 사람들이 고민해 왔던 문제를 질문했다.

> 예수께서 감람 산 위에 앉으셨을 때에 제자들이 조용히 와서 이르되 우리에게 이르소서 어느 때에 이런 일이 있겠사오며 또 주의 임하심과 세상 끝에는 무슨 징조가 있사오리이까 (마 24:3).

이 질문은 신자든 불신자든 모든 사람에게 관심거리인 것 같다. 이 부분은 마지막 때에 대한 지식을 갈구하는 사람들이 즐겨 찾는 구절들 중 하나다.

> 예수께서 대답하여 이르시되 너희가 사람의 미혹을 받지 않도록 주의하라 많은 사람이 내 이름으로 와서 이르되 나는 그리스도라 하여 많은 사람을 미혹하리라 난리와 난리 소문을 듣겠으나 너희는 삼가 두려워 말라 이런 일이 있어야 하되 아직 끝은 아니니라 민족이 민족을, 나라가 나라

를 대적하여 일어나겠고 곳곳에 기근과 지진이 있으리니 이 모든 것은 재난의 시작이니라 그 때에 사람들이 너희를 환난에 넘겨 주겠으며 너희를 죽이리니 너희가 내 이름 때문에 모든 민족에게 미움을 받으리라 그 때에 많은 사람이 실족하게 되어 서로 잡아 주고 서로 미워하겠으며 거짓 선지자가 많이 일어나 많은 사람을 미혹하겠으며 불법이 성하므로 많은 사람의 사랑이 식어지리라 그러나 끝까지 견디는 자는 구원을 얻으리라 이 천국 복음이 모든 민족에게 증언되기 위하여 온 세상에 전파되리니 그제야 끝이 오리라 (마 24:4-14).

이 땅에서 일어날 일들 즉 전생, 전쟁의 소문, 기근, 지진, 거짓 선지자들, 재난, 고난 그리고 악한 일이 늘어나는 것에 대해 말한다. 많은 설교자들과 선생들은 이를 인용하며 지금 일어나는 사건들을 지적한다. "이 모든 일들이 지금 우리 주위에서 일어나는 게 보입니까? 마지막 때가 가까이 왔습니다!"

우리는 이런 사람들을 주의 깊게 분별할 필요가 있다. 예언을 말하는 선생들은 옛날부터 존재해 왔다. 다수는 신중하게 성경을 연구한 사람들이다. 그들은 이렇게 이야기한다. "인도에서 지진이 일어난 것을 기억하시지요? 그것은 그리스도의 재림이 가까웠다는 징조입니다!" "하나님은 마지막 때가 되면 온갖 역병과 전염병이 창궐할 것이라고 말씀하셨습니다. 전 세계에 에이즈가 나타나는 것을 보니 예수님의 재림이 임박한 것을 알겠군요."

그러나 예수님은 신중할 것을 당부하신다. "난리와 난리 소문을 듣겠으나 너희는 삼가 두려워 말라 이런 일이 있어야 하되 아직 끝은 아니니라"(마 24:6). 기근과 지진은 다만 재림의 산고産苦가 시작되는 것에 불과하다. 그리스도의 재림과 만물의 종말이 이를 때를 이해하는 진짜 열쇠는 14절에 있다.

> 이 천국 복음이 모든 민족에게 증언되기 위하여 온 세상에 전파되리니 그제야 끝이 오리라 (마 24:14).

종말의 징조는 하나님나라 복음이 온 세상에 전파되는 것이다. 이 구절은 예수께서 다시 오실 때를 계시하는 것이지, 그 시각을 알려 주는 것이 아니다. 오직 아버지만이 그 때를 아신다. "그러나 그 날과 그 때는 아무도 모르나니 하늘의 천사들도, 아들도 모르고 오직 아버지만 아시느니라"(마 24:36).

"이 천국 복음이 모든 민족에게 증언되기 위하여 온 세상에 전파될" 때, 마지막이 올 것이다. '민족'에 해당되는 헬라어 '에드노스'는 모든 사람들의 무리, 모든 문화, 모든 민족, 모든 족속, 모든 언어, 모든 정치 체제 그리고 모든 국가를 가리키는 말이다. 이 모든 것들에게 천국 복음이 전파된 뒤에야 비로소 마지막 때가 임할 것이다.

온 세상에 복음을 전파하고 모든 민족으로 제자를 삼아야 할 우리의 사명이 아직 완수되지 않았기 때문에 예수님은 기다리신다. 오늘날에 과연 얼마나 많은 교회들이 활기 있고 성실하게 천국 복음을 전파하고 있는가? 그들은 번영, 치유와 믿음을 설교하고 구원을 설파하며 여러 방언을 말한다. 하지만 하나님나라를 선포하는 교회는 얼마나 되는가? 앞에 열거한 주제들도 모두 옳다. 그러나 '왕국의 선포' 라는 주제와 비교한다면 마땅히 거기에 자리를 내주어야 한다. 복음 전파는 교회의 책임이다.

예수께서도 이 땅에서 천국을 전파하며 가르치는 일에 초점을 맞추셨다.

예수께서 모든 도시와 마을에 누루 다니사 그들의 회당에서 가르치시며 천국 복음을 전파하시며 모든 병과 모든 약한 것을 고치시니라 무리를 보시고 불쌍히 여기시니 이는 그들이 목자 없는 양과 같이 고생하며 기진함이라 이에 제자들에게 이르시되 추수할 것은 많되 일꾼이 적으니 그러므로 추수하는 주인에게 청하여 추수할 일꾼들을 보내어 주소서 하라 하시니라 (마 9:35-38).

풍성한 익은 곡식들이 추수꾼의 낫을 기다리고 있다. 예수께서 어디를 가시든지 사람들은 그분 주위에 몰려들었다. 학대받고 아무도 돕지 않는 사람들, 아무 소망이나 방향도 없이 이리저리 떠도는 사람들, 다 익어서 추수만을 기다리는 사람들이었다.

우리가 사는 세상은 2000년 전과 같이 진리를 찾고 하나님을 갈망하는 사람들 그리고 영적인 어두움에 갇힌 사람들로 가득하다. 사람들은 어디에 있든지 하나님나라를 찾고 있다. 심지어 그러한 명칭을 모른다 해도 마찬가지다. 스스로가 깨닫든 못 깨닫든, 그들은 누군가 자기를 선택해 주기를 바란다. 사람들은 인생에 의미와 목적이 있다는 것과 하늘에 계신 아버지가 그들을 사랑하고 돌보아 주신다는 것을 알고 싶어한다. 그들에게는 그 나라로 가는 길을 가르쳐 주는 사람이 필요하다.

이에 열둘을 세우셨으니 이는 자기와 함께 있게 하시고 또 보내사 전도도 하며 (막 3:14).

온 세상은 하나님나라가 임할 만큼 무르익었다. 그러나 그 나라의 시민이요 대변자인 우리는 추수하는 일을 책임지지 않고 있다. 예수님의 발 앞에 앉아 그분의 임재를 기뻐해야 하는 때도 있지만, 우리는 천국 복음을 전파하도록 보냄을 받기도 했다. 지금이 그 때이다.

말레이지아에 있었을 때, 나는 공공연히 예수님을 전할 수 없었나. 그 나라가 이슬람 국가였기 때문이다. 나는 매일 다섯 시간씩 정부의 고위층 사람들을 만났지만 예수 그리스도께서 구원자요 주님이시라는 말조차 꺼낼 수 없었다. 내가 무엇을 할 수 있었을까? 나는 그들에게 하나님나라에 대해 이야기했다! 내가 이야기를 마치자 사람들은 모두 나의 테

이프와 책들을 구입했다. 귀국해서 얼마 뒤, 나는 그들 중 몇 명에게 "당신 책을 읽으면서 주님께 기도했다"는 식의 이메일을 받게 되었다.

추수할 준비는 끝났다. 우리가 천국 복음을 선포한다면 사람들은 응답할 것이다.

두 나라에서 균형을 잡으며 사는 것

우리는 천국 시민권자이지만 지금은 이 세상 나라에서 살고 있다. 신자인 우리들은 두 나라에서 동시에 살아가면서 매일매일 도전에 직면한다.

이럴 때 우리는 예수님에게서 균형 잡힌 삶을 배울 수 있다. 어느 날, 유대교 지도자들이 예수님을 함정에 빠뜨리고자 질문을 하나 던졌다. 두 나라의 실체와 관계에 대해 예수께서 분명히 이해하지 않으셨다면 자칫 발목이 잡힐 수도 있는 질문이었다.

이에 바리새인들이 가서 어떻게 하면 예수를 말의 올무에 걸리게 할까 상의하고 자기 제자들을 헤롯 당원들과 함께 예수께 보내어 말하되 선생님이여 우리가 아노니 당신은 참되시고 진리로 하나님의 도를 가르치시며 아무 꺼리는 일이 없으시니 이는 사람을 외모로 보지 아니하심이니이다 그러면 당신의 생각에는 어떠한지 우리에게 이르소서 가이사에게 세금을 바치는 것이 옳으니이까 옳지 아니하니이까 하니 예수께서 그들의 악함을 아시고 이르시되 외식하는 자들아 어찌하여 나를 시험하느냐 세금 낼 돈을 내게 보이라 하시니 데나리온 하나를 가져 왔거늘 예수께서 말씀하시되 이 형상과 이 글이 누구의 것이냐 이르되 가이사의 것이니이다 이에 이르시되 그런즉 가이사의 것은 가이사에게, 하나님의 것은 하나님께 바치라 하시니 그들이 이 말씀을 듣고 놀랍게 여겨 예수를 떠나가니라 (마 22:15-22).

예수께서 답하신 말씀 안에는 간단하면서도 심오한 진리가 담겨 있다. 하나님나라 사람이셨던 예수께서는 모든 정부 체제가 백성들에게 정당한 요구를 할 수 있음을 아셨다. 예를 들어 로마의 동전에는 황제의 초상이 새겨져 있었는데, 이것은 그 돈이 황제의 소유임을 의미한다.

마찬가지로 하나님의 형상이 있다면 예외 없이 하나님의 소유이다. 우리는 하나님의 형상을 따라 창조되었기에 하나님의 소유다. 그분은 우리에게 지상 왕국이 요구할 수 없는 방식으로 소유권을 주장하신다. 우리가 살고 일하며 시민권을 갖고 있는 지상 왕국의 통지자들은 우리에게 시간, 돈 그리고 노동을 정당하게 요구할 수 있다. 하지만 우리의 성품에 대해서는 어떻게 할 수 없다. 우리는 더 심오한 형상을 지니고 있으며 더 높은 차원의 요구에 부응한다. 우리가 하나님께 속해 있기 때문이다.

자유 국가에서는 세금을 내는 것이 시민의 의무이다. 그러나 자신에게 가장 깊은 충절忠節을 바치라 한다면 우리는 분명한 선을 그어야 한다.

다니엘과 하나님나라

구약 성경에서 다니엘만큼 하나님나라에 대해 많은 것을 기록한 이가 없다. 다니엘은 포로였지만 바빌론 제국에서 주요 인물이자 고위 관리였다. 동시에 그는 바빌론 정부의 골칫거리였다. 하나님나라 원리를 잘 알고 있었기 때문이다.

한 번은 왕의 조령詔令에 따를 것을 거부했다가 사자굴에 갇히고 말았다. 사자굴에 갇히기 전, 왕은 30일간 오직 자신만을 경배하라는 명령을 온 백성에게 내린 바 있었다. 다니엘은 하나님을 경배하며 하나님을 섬기는 사람이었기에 왕의 조령을 따르지 않았고 결국 사자 굴에 던져졌다. 왕은 하나님께 바쳐져야 할 충성을 다니엘에게 요구했다. 다니엘은 조용하면서도 진지하게 그 요구를 거절했다. 다니엘은 왕에게 행동으로 이런 뜻을 표시했던 것이다. "당신은 나에게, 시간, 돈, 노동을 바치라고 명할 수 있습니다. 나랏일에 관한 한, 충성을 요구할 수도 있습니다. 그러나 내 영혼을 바치라는 명령을 내릴 수는 없습니다. 내 영혼에는 더 심오한 형상이 찍혀 있고 그분만이 나에게 최고의 충성을 바치라고 하실 수 있습니다."

하나님께서는 사자의 입을 닫으사 다니엘의 생명을 보존하셨다. 오히려 다니엘은 여러 왕들을 섬기며 더 많은 수壽를 누리게 되었다.

다니엘은 자신과 같은 처지에 있던 유대인 포로 세 사람의 이야기를 기록했다. 이들 역시 바빌론의 관리로 있었지만 하나님나라 원리를 이해하고 거기에 순종하던 사람들이었다. 사드락과 메삭과 아벳느고는 왕이 세운 우상에게 몸을 굽혀 경배하라는 조령을 단호히 거부했다. 그들은 이글이글 불타는 풀무 속으로 던져졌다. 풀무가 얼마나 뜨겁던지 풀무 안으로 그들을 집어 던진 사람조차 목숨을 잃을 정도였다. 그러나 하나님께서는 세 사람을 지키시고 불꽃으로부터 안전하게 구원해 주셨다. 그들은 계속 하나님을 섬기며 왕을 모실 수 있었다(단 3장). 그들의 증언 역시 다니엘과 같다. 영의 문제에 관한 한, 하나님은 우리에게 온전한 충성을 요구하신다.

당신과 하나님나라

당신이 사무실에서 일하고 있을 때, 윗사람이 당신에게 어떤 일을 요구했다 하자. 그런데 당신은 그 일이 옳지 않다는 것을 알고 있다. 어쩌면 윤리에 어긋나거나 법을 어기는 일일 수도 있다. 당신은 어떻게 해야 할까? 당신이 하나님나라 원리에 헌신하는 사람이라면, 천국 백성답게 살기 원한다면, 예의를 지키면서도 이 점을 단호하게 상대에게 각인시켜야 한다. 직장에서 당신에게 시간과 노동을 요구할 수 있는 상사라 해도,

당신의 성품에 어긋나는 일을 하라고 요구할 수는 없다. 회사 전체를 소유한 사람이더라도 당신을 소유할 수는 없다. 설령 직장에서 쫓겨난다 해도 무엇이 옳은지 단호하게 주장하라. 해고당할까 두려워 본연의 성품과 신실함을 그에게 팔아치운다면 그는 당신을 소유하게 될 것이다. 당신은 더 심오한 형상을 지닌 존재임을 분명히 기억하라. 그리고 더 높은 권세에 복종하라. 당신은 하나님나라의 소유이기 때문이다.

두 나라에서 산다는 것은 이런 도전을 안겨 준다. 이 두 나라는 우리에게 매일 어느 편을 따를지 선택하라고 요구한다. 두 나라의 요구 사이에 갈등이 생긴다면, 우리가 믿는 것이 진정 무엇이며 어디에 참된 충성을 바치고 있는지 보여 주어야만 한다.

1. 우리는 그리스도의 대사로서 이 땅에서 우리 아버지의 나라를 대표하는 사람들이다.

2. 민주주의 체제를 계속 염두에 두면서 하나님나라의 시민으로 살아간다는 것은 불가능하다. 우리는 민주주의에 길들여진 사고방식이 아닌 하나님나라 시민처럼 생각하기 시작해야 한다.

3. 천국 복음이 온 세상에 전파되고 나서 비로소 끝이 올 것이다. 예수께서 다시 오시는 정확한 때는 오직 하나님만 아신다. 그러나 그 대략적인 시기는 우리에게 달려 있다.

4. 우리는 하나님의 형상을 따라 창조되었기에 하나님의 소유다. 그분은 우리에게 지상 왕국이 요구할 수 없는 방식으로 소유권을 주장하신다. 영의 문제에 관한 한, 하나님은 온전한 충성을 요구하신다.

예수님이 이 땅에 오신 이유

왕국을 선포하시려고

모든 성공적인 조직들은 기업이든, 비영리단체이든, 가족이든 가리지 않고 자신만의 사명 선언서가 있다. 그 안에는 조직의 목적, 철학 그리고 목표가 분명하게 정의되고 드러나 있다. 사명 선언서는 모두가 제 궤도를 가도록 돕는다. 조직의 결과물, 서비스 또는 메시지는 그 사명 선언서로부터 나온다.

마대복음에 따르면 예수님이 공생애를 시작하실 때 처음 공중 앞에서 선언한 말씀에는 자신의 평생 사명이 반영되어 있었다. "회개하라 천국이 가까이 왔느니라"(마 4:17). 우리가 이미 보았듯이, 회개는 "마음과 생각을 완전히 바꾸는 것, 곧 완전히 새로운 마음을 갖고 인생의 방향을 완전히 바꾼다"는 의미다. 하나님의 주권과 권위가 이 땅에 속속들이 '침투하여' 영향을 미치는 것을 천국이라고 한다. 예수께서는 하나님나라를 무시하고 부인했던 사람들이 마음을 바꾸어 그 나라가 가까이 왔음을 인정하고 받아들이라고 청중들을 도전하셨다.

예수님의 사명은 천국을 선포하는 것이었다. 아버지께 부여받은 이 사명은 자신의 사명 선언서를 반영하는 것이기도 했다. 안식일에 고향 나사렛에 있는 회당에서 예수께서는 이렇게 선언하셨다.

주의 성령이 내게 임하셨으니 이는 가난한 자에게 복음을 전하게 하시려고 내게 기름을 부으시고 나를 보내사 포로된 자에게 자유를, 눈먼 자에게 다시 보게 함을 전파하며 눌린 자를 자유롭게 하고 주의 은혜의 해를 전파하게 하려 하심이라 (눅 4:18-19).

예수님께서는 가는 곳마다 왕국을 선포하셨다. 그것이 그분의 사명이었다. 요즈음 복음 설교의 대부분은 거듭남에 대한 것이지만 예수님은 달랐다. 그분의 공생애 사역 기록을 보면, 예수께서는 거듭남에 대해 단 한 번 이야기하실 뿐이다. 그것도 한밤에 은밀히 자신을 찾아 왔던 바리새인 니고데모와 개인적으로 나눈 대화가 전부였다. 거듭남은 천국에 들어가는 길이요, 그 첫 걸음이다. 그러나 왕국 복음에는 그 이상이 담겨 있다.

예수께서는 거듭남에 대해 거의 말씀하시지 않았고, 오늘날 너무나 많이 언급되는 번영, 치유, 성령 세례, 기타의 것들에 대해서도 초점을 맞추지 않으셨다. 그런 주제들을 가르치시고 매일의 사역 속에서 사람들에게 설명해 주셨지만, 그 주제들을 '설교' 하시지는 않았다. 여기에는 커다란 차이가 있다. 예수께서는 오직 하나의 메시지만 전파하셨다. 하나님나라(왕국)가 그것이다. 그 나라를 전파하는 것만이 그분의 사명이었고 그 사명을 우리에게도 넘겨주신 것이다.

예수께서는 당신이 시작하신 일을 완성하기 위해 이 땅을 떠나셨다. 그분은 하늘 보좌에 앉아 당신을 대표하는 사람들이 그 일을 수행하도록 인도하신다. 그분은 우리에게 원래의 합법적인 자리 즉 하나님의 자녀요, 그분 나라의 유업을 받을 자이자 이 땅을 다스릴 통치자의 자리를 회복시켜 주시기 위해 지금도 일하고 계신다.

불행한 것은 우리 대부분이 예수께서 말씀하신 하나님나라가 무엇인지 깨닫지 못하고 있다는 사실이다. 이런 점 때문에 우리는 그분이 왕국에 대해 말씀하신 것을 꼼꼼하게 공부해야 할 필요가 있다. 그리하여 우리는 왕국을 정확히 전할 수 있게 되고 재림을 준비함에 있어 맡겨진 사명을 감당하게 된다. 예수께서 그러하셨듯이 우리도 하나님나라가 가까이 왔음을 선포해야 한다.

천국을 가져오시려고

예수님의 사명은 단순히 하나님나라를 계시하는 차원을 넘어 그 나라를 다시 임하게 하는 것이었다. 그가 오신 목적은 사람들이 하나님나라에서 잘 살아가도록 사람들의 생각을 바꾸고 그들에게 하나님나라를 아는 지식을 회복시켜 주는 것이었다. 예수께서는 거룩한 열정으로 하늘에 속한 이 책무를 수행하셨다.

우리는 대개 하나님께서 우리 본향인 하늘로 데려 가시려고 준비하시는 것이 복음이라고 생각하고 또 그렇게 배워왔다. 하지만 그것은 진정한 회복이 될 수 없는데, 우리는 하늘로부터 온 존재가 아니기 때문이다. 회복은 말 그대로 원래 있었던 자리나 상태로 되돌리는 것이다. 우리는 하늘이 아니라 이 땅을 다스릴 권세를 잃어버렸다. 그런 점에서 우리가 회복된다는 것은 이 땅을 다스렸던 우리의 원래 자리로 되돌아가는 것을 의미한다.

하나님은 우리를 이전에 있던 바른 자리로 회복시키기 원하신다. 이는 땅 위의 물고기, 새, 육축, 식물, 모든 것들을 권위 있게 다스리던 그 위치로 돌아간다는 의미다. 우리는 죄인되었을 때 사탄의 노예로 어둠의 나라에 거했다. 그러나 이제는 예수님의 보혈로 죄 씻음을 받은 신자요 하나님의 자녀로서 빛의 나라에 살고 있다. 하나님은 노예를 원하시는 게 아니다. 그분은 천국 시민으로 자신과 계속 관계를 맺으며 살아갈 참 자녀를 바라신다.

예수님은 "회개하라, 언젠가는 천국이 임할 것이다"고 말씀하시지 않았다. 그분은 "회개하라, 천국이 가까이 왔다"고 하셨다. 제자들은 왕국이 미래에 임할 것이라고 생각했지만 예수님은 "내가 너희와 함께 하기에 천국은 이미 너희와 함께 있다. 성령이 너희 안에 거하시면, 하나님의 나라도 너희 안에 있다"고 말씀하셨다.

본질적으로 볼 때 천국은 물리적인 영역을 가리키지 않는다. 하나님이 완전한 권위를 발휘하시는 구역이 곧 천국이다. 그곳은 하나님의 왕국이 지상의 물리적인 영역에 영향을 미치고 '관통'하는 지점이다. 즉 천국은 우리 옆에 있다. 내가 천국 안에 살고 천국은 내 안에 있기 때문이다. 천국이 내 안에 있으므로 내가 소유한 집은 주님의 것이다. 신자인 우리는 천국을 우리 안에 소유하고 있다. 우리가 가는 곳마다, 영향력을 미치는 곳마다 우리는 하나님나라를 거기로 가져가는 것이다.

불행하게도 많은 기독교회들은 하나님나라 말씀을 간과한 채 다른 주제만을 설교하고 있다. 이것은 심각한 문제가 아닐 수 없다. 왕국 선포가 그리스도께서 다시 오시는 시기와 관련하여 중요한 열쇠가 된다는 점에서 특히 그렇다. 예수께서는 천국 복음이 온 세상에 전파되어야 비로소 세상의 끝이 올 것이라고 하셨다. 모든 족속, 문화, 사람들이 천국 복음을 든게 될 때 예수께서 다시 오실 것이다. 예수께서 아직 재림하지 않으셨음은 그 사명이 아직 완수되지 않았다는 증거다.

우리를 천국대사로 세우시려고

이 다스림의 권세는 대사와 대사관을 생각해보면 이해하기 쉽다. 대사는 외교관이며 자신이 대표하는 정부를 위해 외교 업무를 수행한다. 우리는 그리스도의 대사로서 하나님나라 정부를 대표한다. 우리는 세상에 파견된 왕국의 외교관이다. 자신을 대사로 여기게 되면, 우리의 사고와 생활 방식이 바뀌게 될 것이다.

두 나라가 공식적인 외교 관계를 수립하면 상대국의 수도에 대사관을 개설한다. A국 대사관이 있는 땅은 A국의 주권이 미치는 영역이다. 다른 모든 나라도 그 주권을 인정하고 존중한다. 이를테면 바하마 나소에 있는 미국 대사관은 마이애미나 워싱턴 그리고 뉴욕이 그런 것처럼 미국 땅이다. 대사관이 현재 바하마 땅에 있더라도 그 대사관 안에서는 바하마 정부에게 어떤 관할권도 없다.

만일 어떤 바하마 사람이나 미국인 또는 제3국 사람이 바하마 법이 미치는 지역에서 도주하여 미국 대사관 안으로 들어갔다 하자. 그렇다면 그는 적어도 잠시 동안 체포를 피할 수 있다. 미국 대사관은 미국 땅이므로 바하마 경찰이 그곳에서 도주자를 수색하는 것은 불법이다. 바하마 정부는 외교 채널을 동원하여 미국 정부와 범죄인 인도 문제를 협의해야 한다.

우리가 어떤 대사와 같이 있다면 그가 대표하는 정부와도 함께 하는 것이다. 미국 대사의 말은 곧 미국 정부의 말이다. 외교적인 차원에서 보면 그 둘은 하나다. 따라서 대사를 만난다는 것은 특정한 사람을 만나는 것 이상의 의미가 있다. 우리는 하나의 나라를 만나는 것이다.

마찬가지로 우리는 그리스도의 대사요 하나님나라 대사이다. 우리 집, 사무실, 교회 그리고 우리의 영향력이 미치는 곳은 어디든지 천국 '대사관'이 된다.

천국을 대표할 권위를 주시려고

한 국가의 지도자가 바뀌면, 새 지도자는 현직 대사들을 소환한다. 이들은 더 이상 정부를 대표할 수 없게 되고 새 정부는 자신의 의사와 정책을 반영할 새 대사들을 임명한다. 때로는 분쟁을 겪는 국가들이 외교 관계를 단절하면서 자국 대사를 소환하기도 한다. 영적인 시각으로 본다면 에덴 동산에서 바로 이 일이 일어났었다. 아담이 죄를 범했을 때 사람의 나라가 하나님나라와 갈등을 빚게 되었다. 하나님은 사람과 맺었던 외교 관계를 단절하시고 성령님을 다시 부르셨다. 아담은 자신의 죄로 거룩함을 상실했고, 하나님은 자신이 영광과 인재 그리고 통치권을 거두셨다.

아담으로부터 예수님이 오시기 전까지 수많은 세대가 흘렀지만, 인간 '대사들'은 하나님의 정부를 대표하는 일에서 실패를 거듭했다. 그들에게는 정당한 권세가 없었기 때문이었다.

그러나 성령님이 우리에게 권세를 부여하신다. 성령이 사람 안에 계시면서 그를 통제하시면 하나님나라가 임하게 된다. 하나님의 통치가 그를 통해 이 땅에서 이루어지는 것이다. 만일 성령이 떠나가시면, 그 나라의 권세도 떠나간다. 아담과 하와가 죄를 범했을 때 이 일이 그들에게 일어났다. 성령이 떠나가자, 그들은 더 이상 하나님이 임명하신 통치자로 이 땅을 다스릴 권세를 갖지 못하였고, 사탄이 그들의 자리를 찬탈하는 것도 막을 수 없었다.

그리스도의 대사인 우리도 '본국 정부'를 대표한다. 우리의 본국은 하나님나라이다. 사람들이 우리를 만나는 것은, 단지 한 사람이 아닌 하나님을 만나는 것이다. 그분이 우리를 소유하시고 성령을 통해 우리 안에 거하시기 때문이다. 우리 영이 우리 안에 계신 그리스도의 영과 일치하게 되면 우리의 말과 행위는 우리가 대표하는 정부, 우리가 시민권을 가진 그 나라를 대표하게 될 것이다.

우리는 스스로 자신의 삶을 다스릴 수 있다고 믿어 왔다. 그런 믿음으로 우리는 얼마나 비참한 일을 많이 겪었는지 모른다. 그러나 우리가 하나님을 의뢰하기 시작할 때 우리 삶에는 새로운 능력이 넘치게 된다. 그 능력으로 우리는 하나님이 결코 취소하지 않으실 그 사명을 천국 대사로서 완수할 수 있다. 하나님의 참 자녀가 된 우리는 이제 하나님의 정부와 소통하게 되었다. 우리가 왕으로 통치할 수 있도록 훈련하시는 과정이 시작된 것이다. 성령께서 이 과정을 이끌어 가신다.

우리 안에 영원히 거하시려고

아담으로부터 예수님이 오시기 전까지, 성령은 어떤 사람 안에도 거하시지 않았다. 성령의 내주는 불가능했다. 하나님의 정부는 거룩한 반면, 성령을 받아들이도록 설계되었던 인간은 거룩하지 않았기 때문이다. 예수께서 오실 때까지 드려진 그 어떤 희생 제사로도 우리를 다시 거룩하게 할 수 없었다. 이 땅에 있는 어떤 사람도 성령이 거하시기에 합당할 만큼 거룩한 존재가 될 수 없었다.

이 말은 구약 시대에는 성령이 계시지 않았거나 활동하지 않았다는 의미가 아니다. 성경은 구약 시대에도 성령이 일하셨음을 많은 사례를 통해 기록하고 있다. 그러나 구약과 신약 시대를 비교해보면 성령님의 임재에 있어 중요한 차이가 있음을 보게 된다. 신약 성경을 보면, 성령은 신자를 충만히 채우시면서 그들 '안에' 영원히 거하신다. 그러나 구약 성경에서 성령은 특정한 사람 위에 잠시 임하다 떠나시는 것을 볼 수 있다. 구약 시대의 성도들은 하나님의 영을 자신 안에 영원히 거하시는 분으로 알지 못했다. 그들에게 있어 하나님의 영은 자기 밖에서 영향을 미치는 분이었다.

성령께서 삼손에게 임하시자 삼손은 엄청난 힘으로 큰 일을 수행한다. 성령께서 모세와 엘리야와 엘리사에게 임하시자 그들은 커다란 표징과 이적을 행할 수 있었다. 성령께서 기드온에게 임하시자, 불과 300명의 군대를 데리고도 수많은 적군을 물리칠 수 있었다. 성령께서 사울 왕에게 임하면서, 그는 선지자들과 더불어 예언을 하게 된다. 하지만 이 모든 경우에서 성령은 잠깐 임하셨다 떠나게 된다. 어느 누구도 성령이 거하시는 데 적합한 그릇이 아니었기 때문이다. 그 누구도 일상의 삶에서 하나님나라의 행정을 수행할 수 없었다.

이런 상황은 예수께서 오실 때까지 변하지 않았다. 구약 시대의 모든 선지자들도 성령의 영원한 내주하심을 경험하지 못했지만, 몇몇은 미래에 이루어질 이 일을 얼핏 목격했다. 요엘 선지자는 이렇게 쓰고 있다. "그 후에 내가 내 영을 만민에게 부어 주리니 너희 자녀들이 장래 일을 말할 것이며 너희 늙은이는 꿈을 꾸며 너희 젊은이는 이상을 볼 것이며 그 때에 내가 또 내 영을 남종과 여종에게 부어 줄 것이며"(욜 2:28-29). 구약 시대의 마지막 선지자인 말라기 이후에는 400년간 '침묵의 시대'가 계속됐다. 그 때에 이스라엘에는 어떤 선지자의 목소리도 들리지 않았다.

그러다가 세례 요한이 광야에서 회개의 말씀을 전파하며 메시아가 오실 것을 선포하면서 침묵의 시대가 막을 내리게 된다. 네 복음서가 모두 세례 요한을 소개하지만, 사실 그는 구약 시대의 마지막 선지자이다. 요한은 위대한 인물이었지만 그는 여전히 옛 질서의 대변자였다. 예수께서 오시면서 비로소 더욱 위대한 시대가 열렸으며 천국의 시대가 이 땅에 시작되었다. 예수께서 직접 이렇게 말씀하셨다. "율법과 선지자는 요한의 때까지요 그 후부터는 하나님나라의 복음이 전파되어 사람마다 그리로 침입하느니라"(눅 16:16).

요한 이전에는 하나님나라가 예수께서 오셨을 때만큼 강력하고 눈으로 볼 수 있는 모습으로 이 땅에 임하지 않았다. 아브라함으로부터 요한에 이르기까지 그 누구도 하나님나라를 분명히 이해하지 못했다. 그들도 하나님나라를 이야기하고 그 나라를 예언했다. 미래를 얼핏 들여다보긴 했지만, 그들이 살던 시대에는 그 현현을 뚜렷하게 볼 수 없었다. 세례 요한도 왕국을 선포했지만, 심지어 그도 자신이 전하는 말씀의 완전한 의미가 무엇인지 정확히 깨닫지 못했다. 요한은 예수님과 함께 하나님나라가 오는 것을 목격했지만 그 나라 안으로 완전히 들어가지는 못했다.

요한은 중간 지점에 서 있던 사람이었다. 그는 전혀 다른 두 차원의 시간 사이에 멈추어 서 있던 인물이었다. 그는 사람들이 이 새로운 질서로 들어갈 수 있는 길을 예비했다. 일단 예수의 공생애가 그 막을 열자, 요한의 사역은 막을 내리게 되었다. 요한은 이 점을 분명하게 이해했다. 예수님의 사역이 흥왕하면서 자신의 사역은 쇠하여 끝내 사라져야만 함을 잘 알고 있었다. 우리는 요한이 옥에 갇히면서 예수님의 공생애 사역이 시작되는 것을 보게 된다. "요한이 잡힌 후 예수께서 갈릴리에 오셔서 하나님의 복음을 전파하여 이르시되 때가 찼고 하나님의 나라가 가까이 왔으니 회개하고 복음을 믿으라 하시더라"(막 1:14-15). 요한이 옥에 갇힌 뒤에 예수께서는 비로소 하나님나라의 소식을 선포하기 시작하셨다. 이제 옛 질서는 끝나고 새로운 질서가 시작되었다.

성령의 권능으로 살게 하시려고

예수께서는 요단강에서 요한에게 세례를 받으시고 성령을 충만하게 받으셨다. 성령이 광야로 인도하신 후에 그분은 거기서 40일을 주리시고 마귀에게 시험을 받으셨다. 시험을 물리치고 승리를 거두신 다음, "성령의 능력으로 갈릴리에 돌아가"(눅 4:14)셔서 왕국의 말씀을 선포하기 시작하셨다. 예수께서는 성령의 충만을 한없이 받으셨다. 예수님이야말로 새로운 질서의 선구자였으며, 성령의 충만함을 입게 될 새 시대 사람들 가운데 첫 번째 사람이었다.

예수님께서는 우리를 하늘 아버지와 그 아버지께서 다스리시는 영광의 나라로 다시 이어주기 위해 이 땅에 오셨다. 그 연결 고리가 성령이시다. 그분이 선포하신 말씀의 초점이 "회개하라, 천국이 가까이 왔느니라"인 이유가 바로 여기에 있다. 예수께서 오신 첫 번째 목적은 병자를 고치고 죽은 자를 일으키며 마귀를 내쫓고 다른 여러 이적들을 베푸시는 것이 아니었다. 그런 일들은 하나님나라가 이 땅에 임했음을 보여주는 표적일 뿐, 사역의 주안점은 아니었다. 예수님의 최종 사명은 사람들에게 성령의 권능이 임하게 함으로 하나님나라가 임할 통로를 만드시는 데 있었다.

이 장엄한 왕국으로 들어가는 입구는 갈보리였다. 복음의 본질은 우리가 아버지와 영적으로 다시 이어지게 되었다는 점이다. 이제 우리는 맡겨진 권능을 발휘하여 이 땅에서 하나님나라를 앞으로 나아가게 할 사명을 완수할 수 있다. 우리들의 삶에 성령께서 들어오시게 되면서 이 일이 가능해졌다. 예수께서는 이 문을 활짝 열어 놓으신 것이다.

예수께서 십자가에 달려 돌아가신 것이야말로 진정 이 목적에 이르는 수단이었다. 갈보리는 정결케 하는 샘이 되었다. 이 샘에 과감히 뛰어들기만 하면, 누구라도 세상에 살며 묻은 때로부터 깨끗하게 될 것이다. 이렇게 정결함이 이루어지면 성령의 권능을 받을 준비가 된 것이다.

예수께서는 십자가 죽음으로 정결케 하는 일을 이루신 다음, 제자들에게 나타나시어 이런 말씀을 남기셨다. "예수께서 또 이르시되 너희에게 평강이 있을지어다 아버지께서 나를 보내신 것 같이 나도 너희를 보내노라 이 말씀을 하시고 그들을 향하사 숨을 내쉬며 이르시되 성령을 받으라"(요 20:21-22). 정결케 하는 과정을 거쳐 성령의 충만함을 받은 제자들은 하나님의 대사로서 하나님나라를 온 세상에 전파할 준비를 갖추게 되었다.

예수님의 첫 제자들처럼 신자들인 우리 안에도 성령이 계속 임재하신다. 이로써 우리도 첫 제자들처럼 새로운 질서에 속한 시민이 되었다. 이제 우리도 성령의 충만함을 입은 하나님의 대사로서 권위와 권능을 갖고 있기에 아담이 타락하기 전에 누렸던 진미珍味를 맛볼 수 있게 된 것이다. 우리와 하나님나라가 다시 이어짐으로써 우리의 삶에서 에덴이 회복되고 있다. 매일매일 우리를 제어하며 이끄시는 성령님과 함께 우리는 어디에 있든지 조금이나마 '지상 천국'을 만들어 갈 수 있게 되었다.

우리는 새로운 영적인 질서에 속한 시민이기에 구약 시대 사람들보다 더 큰 자이다. 이것은 우리가 그들보다 특별히 뛰어나서가 아니라, 그들이 알지 못했던 성령이 우리 안에 계시기 때문이다. 하나님의 영이 우리 속에 거하시는 한, 우리는 아브라함보다, 모세보다도 큰 자이다. 삼손, 사무엘 그리고 사울보다도 크며, 다윗과 솔로몬보다도 큰 자이다. 우리는 이사야, 예레미야, 에스겔, 다니엘 그리고 다른 모든 선지자들보다도 크다. 그들은 하나님나라에 대해 이야기했을 뿐이지만 우리는 실제로 그 안에서 살고 있기 때문이다.

예수께서는 마태복음 11장 12절에서 "세례 요한의 때부터 지금까지 천국은 침노를 당하나니 침노하는 자는 빼앗느니라"라고 재차 말씀하셨다. 즉 요한 이후로 천국은 계속하여 침입하고 있다.* 당신은 천국에 붙잡힌 사람인가? 나는 천국에 이미 붙잡혔다. 천국은 내 마음, 생각, 영혼, 육체 그리고 미래 전체를 붙잡아 버렸다. 천국은 나의 태도를 사로잡았고, 나를 어둠의 나라에 위험한 인물로 만들었다.

천국이 계속 강력히 전진하고 있기에, 그 나라 시민인 우리도 "전진하는 힘"의 한 축이 되어 끊임없이 적의 강력한 요새로 돌격해야만 한다. 온 세상이 우리를 대적할 지라도 우리는 하나님나라를 전진시킬 수 있

---

* 그리스어 성경 원문은 이 구절에서 천국이 '침노를 당하는 것으로' 표현한다. 개역개정판이나 대부분의 번역 성경도 마찬가지다. 그런데 저자가 인용하는 NIV 성경은 천국을 침노하는 주체로 표현하고 있다. "... the Kingdom of heaven has been forcefully advancing ..." (NIV).

다. 우리 안에는 세상을 다스리는 힘보다 더 큰 힘이 역사하고 있기 때문이다(요일 4:4을 보라). 예수께서는 이렇게 말씀하셨다. "세상에서는 너희가 환난을 당하나 담대하라 내가 세상을 이기었노라"(요 16:33).

우리 안에 거하시는 성령으로 말미암아 우리는 승리할 수 있다. 우리는 천국이라는 새 질서에 속한 시민이 되었다. 우리는 힘차게 전진한다. 우리의 문제, 고난, 역경들 앞에서 손이나 꼬며 좌절하던 시절은 지나간 때로 족하다. 온 세상이 우리에게 고난과 역경을 가져다주어도 우리는 이제 우리 안에 거하시는 분의 능력을 힘입어 대적을 물리칠 수 있다.

신뢰하는 자녀들을 돌보시려고

그리스도의 대사로서 우리는 왕과 확실히 연결되어 있기만 하면 된다. 우리 왕이 말씀하시는 것을 알고 이해하여 그대로 말하고 따르는 것이다. 정책을 수립할 책임은 우리에게 없다. 우리는 왕께서 수립하신 정책을 실행하는 자들이다. 우리가 할 일은 왕께서 생각하시는 것을 잘 익히고 분별하여 그분의 뜻을 띠르는 깃이다.

이띤 사림이 왕의 뜻에 어긋나도록 우리를 꾀려 한다고 가정해 보자. 그럴 때 우리가 할 일은 오직 왕께서 하신 말씀을 의지하는 것뿐이다. "혼인하지 않고 동거하는 것이 뭐가 잘못인가? 결혼한 사람이 바람 좀 피웠다 해서 그게 그렇게 큰 문제인가? 바야흐로 새로운 시대인데 우리도 시대를 따라야지." 이 경우, 우리가 오직 이렇게 답할 수 있다. "글쎄요, 우리의 왕은 그것이 죄라고 하십니다." 우리는 다만 하나님 말씀을 의지하고 우리의 무거운 짐을 내어맡기면 된다.

우리가 왕의 관심사에 집중하며 신실하게 그분을 대표하는 한, 주님은 우리를 보살펴 주신다. 왕께서는 그렇게 하시겠다고 확실히 약속하셨다. "그러므로 염려하여 이르기를 무엇을 먹을까 무엇을 마실까 무엇을 입을까 하지 말라 이는 다 이방인들이 구하는 것이라 너희 하늘 아버지께서 이 모든 것이 너희에게 있어야 할 줄을 아시느니라 너희는 먼저 그의 나라와 그의 의를 구하라 그리하면 이 모든 것을 너희에게 더하시리라 그러므로 내일 일을 위하여 염려하지 말라 내일 일은 내일이 염려할 것이요 한 날의 괴로움은 그 날로 족하니라"(마 6:31-34).

우리는 기도할 때에 다른 것보다 하나님의 뜻과 그분의 왕국이 임하는 것에 집중해야만 한다. 어떤 나라가 대사를 파견하면 그 정부는 대사가 공무를 수행하는 데 필요한 사무실, 주택, 자동차, 참모들, 자금 등 필요한 모든 것을 제공한다. 마찬가지로 우리가 먼저 하나님나라와 그분의 의를 구하면 그분은 우리가 매일 살면서 그분의 뜻을 이루어 가는 데 필요한 모든 것을 제공해 주신다. 우리가 왕의 사업에 헌신하면 왕께서는 우리를 맡아 주신다. 그것이 곧 신앙이자 신뢰며 순종하는 관계이다. 이 덕택에 우리는 그분의 이름으로 권능과 권위를 행사할 수 있는 것이다.

1. 예수께는 두 가지 목적이 있으셨다. 하나는 하나님나라가 임했음을 선포하는 것이요, 다른 하나는 자신의 피를 통해 누구라도 그 나라로 들어갈 수 있는 입구를 제공하는 것이었다.

2. 예수님의 사명은 왕국을 다시 임하게 하고 사람들에게 성령님을 오시게 하는 것이었다. 예수께서 오심으로 이 땅에 천국 시대가 그 막을 열었다.

3. 거듭남은 천국에 들어가는 길이요, 그 첫 걸음이다. 그러나 왕국 복음에는 그 이상이 담겨 있다.

4. 천국은 하나님이 완전한 권위를 발휘하시는 구역이다.

5. 우리는 그리스도의 대사로서 하나님나라 정부를 대표한다.

6. 우리는 새로운 영적 질서에 속한 시민이기에 구약 시대 사람들보다 더 큰 자이다. 이는 우리가 특별히 뛰어나서가 아니라 그들이 알지 못했던 성령이 우리 안에 계시기 때문이다.

7. 우리가 왕의 관심사에 집중하며 신실하게 그분을 대표하는 한, 주님은 우리를 보살펴 주신다.

하나님나라의 복음

당신은 아직 어린데, 부친이 당신에게 1000만 달러의 유산을 남겨 주고 나를 유산 수탁자*요 유언 집행자로 지정한 채 세상을 떠났다고 가정해 보자. 그 유산은 당신의 소유이지만 당신이 성년이 되거나 부친이 유언으로 지정한 나이가 될 때까지는 유산에 대해 완전한 권리를 주장할 수 없다.

반면 나는 유언 집행사이므로 당신이 그 유산을 완전히 관리할 수 있을 때까지 그것을 보전하고 관리할 권한과 책임이 있다. 그 동안 나는 당

---

* 유산을 상속인이 아닌 어떤 사람에게 신탁하면서, 그로 하여금 유산을 오로지 상속인을 위해 사용하도록 하는 것을 유산 수탁이라고 하며, 이 때 신탁을 받은 사람을 유산 수탁자라고 한다.

신과 당신이 물려받은 유산 사이에 서 있게 되며 거기서 중개자 노릇을 하게 된다. 당신이 성년이 될 때까지 유산에서 발생하는 모든 혜택을 청구하려면 반드시 나를 거쳐야만 한다.

영적 세계에서 그리스도는 하나님과 인간 사이의 중보자이시다. 그분은 하나님나라와 우리 사이에 서 계신다. 그분은 상속 유산과 우리를 중개하신다. 그분을 거치지 않으면 우리는 유산에서 나오는 모든 혜택을 받을 수 없다.

당신이 성년에 이르면, 1000만 달러의 유산을 신탁 받아 관리했던 나에게 "나는 이제 성년입니다. 아버지가 내게 물려주신 재산을 내게 주십시오"라고 말할 수 있다. 그러면 나는 당신이 정당한 상속인이며 유산을 관리하고 처분할 자격을 갖추었는지 증거를 통해 확인한다. 모든 것이 이상 없다면 나는 당신에게 1000만 달러를 돌려주어야 한다. 그 돈은 틀림없이 당신 것이다. 그렇게 해서 당신은 그 유산의 모든 권리와 특권, 혜택들에 접근할 수 있다.

첫 단계 – 거듭남

우리는 예수님을 통해 천국에 들어갈 수 있다. 주님을 통해 왕의 자녀라는 우리의 진짜 모습대로 살게 되고 생각하고 행동하게 된다. 예수께서는 요한복음에서 이 단계를 '거듭남' 이라고 말씀하신다.

거듭나지 않으면 하나님나라에 들어갈 수 없다. 그러나 그것은 하나의 단계일 뿐이다. 거듭남은 새로운 삶 전체를 놓고 볼 때 첫 단계에 불과하다. 새로운 삶은 천국 시민으로서 우리가 갖고 있는 권리와 특권들 그리고 책임들을 알아가며 깨닫고 경험하는 하나의 여정이기 때문이다.

그러나 우리가 오직 이 처음 관문에 집중하여 모든 시간을 여기에만 소비한다면 그 건너에 있는 많은 기쁨과 축복들을 놓쳐버리게 될 것이다. 하나님의 집에는 거할 방이 많다. 그러나 우리가 그 집의 현관문을 지나 안으로 들어가지 않는다면 천국에서 펼쳐지는 놀라운 일들을 체험할 수 없다.

천국 문 안쪽에서 펼쳐지는 삶

많은 신자들은 거듭남이라는 주제에 완전히 발목이 잡힌 나머지 천국에 들어서자마자 그곳에 머무르며 더 이상 안으로 들어가려 하지 않는다. 예수님은 분명 천국으로 들어가는 관문이시다. 그러나 단언하건대 그 문 안쪽에는 더 풍성한 것이 우리를 기다리고 있다. 예수께서 이 점을 직접 말씀하셨다.

그러므로 예수께서 다시 이르시되 내가 진실로 진실로 너희에게 말하노니 나는 양의 문이라 나보다 먼저 온 자는 다 절도요 강도니 양들이 듣지 아니하였느니라 내가 문이니 누구든지 나로 말미암아 들어가면 구원을 받고 또는 들어가며 나오며 꼴을 얻으리라 도둑이 오는 것은 도둑질하고 죽이고 멸망시키려는 것 뿐이요 내가 온 것은 양으로 생명을 얻게 하고 더 풍성히 얻게 하려는 것이라 (요 10:7-10).

"더 풍성한 삶." 우리에게 주어진 하나님나라의 유업은 바로 이 삶과 연관되어 있다. 그 삶은 현관에서 끝나지 않는다. 인생은 하나의 여행임을 기억하라. 천국의 삶은 하나님과 함께 했던 첫 경험을 넘어 그 나라의 진정한 자녀로 성숙해 갈 것을 요구한다.

이것을 위해 특정 교회나 교파에 들어갈 필요는 없다. 다만 우리 자신이 하나님께서 세우고 다스리시며 영원히 계속될 왕국의 시민임을 이해해야 한다. 이 사실을 깨닫지 못하기에, 많은 사람들은 하나님께 지극히 적은 것만을 받아 누리고 있다. 확신을 품고 담대하게 우리 권리를 주장하지도 못한다.

천국 시민권은 영적인 실재이면서 마음의 상태이기도 한다. 신자들은 이미 하나님의 영을 소유하고 있지만 하나님의 생각과 마음을 배워야 할 필요가 있다. 하나님의 자녀로 생각하고 살아가는 것을 훈련받아야 한다.

직장에서나, 학교에서나, 어디를 가든지 우리는 자신이 외국에 거주하는 천국 시민이며 본국 정부의 권세가 우리를 뒷받침하고 있음을 기억해야 한다. 우리는 어느 때든지 우리 왕이 소유한 자원을 요구할 수 있다. 그 자원은 이 세상에 있는 모든 자원보다도 더 풍성하다. 남자만 5000명이 배불리 먹었을 때 제자들은 이 세상의 한정된 자원 — 떡 다섯 조각과 물고기 두 마리 — 만을 보았다. 그러나 예수께서는 아버지의 식품 저장실을 보셨다. 그분은 모든 사람을 먹이고도 열두 바구니가 남을 정도로 충분한 양의 양식을 보셨던 것이다.

우리가 속한 나라는 공급할 것이 풍성한 나라이다. 우리의 가난한 마음을 부요한 마음으로 바꾸어야 한다. 우리가 아버지의 일을 하는 한, 그분은 우리가 필요로 하는 모든 것을 공급해 주실 것이다. 우리 상황이 어떠하든 우리는 아버지 나라에 초점을 맞출 수 있고, 그 나라 시민으로 권리를 주장할 수 있으며 "우리 하나님이 우리에게 필요한 것을 공급해 주신다"라고 확신 있게 말할 수 있다.

하나님나라의 복음이란

사람들은 자신의 능력으로 매일 우리에게 다가오는 도전과 비극들을 극복하고 이겨내고 싶어 한다. 우리는 삶에 담긴 의미와 목적과 소망을 간절히 알기 원한다. 하나님나라의 복음은 이 모든 것, 아니 그 이상을 약속하고 있다. 하지만 대다수의 세상 사람들은 그 사실을 모르고 있다. 천국이 그토록 약속과 권능과 양식이 풍성한 곳이며 그것이 진정 '좋은 소식'이라면, 어찌하여 세상 사람들은 그곳에 몰려들지 않는 것일까?

이유는 많다. 그 중 하나는 많은 사람들이 이제까지 복음을 전혀 듣지 못했기 때문이다. 아무도 그것을 그들에게 전해 주지 않았다. 또 다른 이유는 사탄이 수많은 사람들의 영적인 눈을 멀게 하고 귀머거리로 만들어 버렸기 때문이다. 복음을 선포해도 그들은 듣거나 이해할 수 없었던 것이다. 그러나 세 번째 이유가 어쩌면 가장 심각한 원인일지도 모른다. 그 것은 교회가 그릇된 말씀을 선포하고 있기 때문이다.

우리는 전파할 사명을 받은 하나님나라 복음을 신중하게 정의해야 한다. 우리가 얘기할 수 있는 '좋은 소식' 들은 많다. 그러나 예수께서 설교의 초점으로 정해 주신 것은 단 하나뿐이다. 예수께서는 "하나님나라가 다시 한 번 이 땅에 임했다"는 좋은 소식을 선포하셨다. 그것이 주님의 복음이었다.

그것은 새로운 종교나 교파를 알리는 소식이 아니었다. 이는 하나님 나라가 이 땅에 임했다는 소식이었다. 그 나라에 들어오는 사람은 누구든지 그 영이 하나님과 연합하여 친밀한 교제를 누리게 될 것이며 하나님의 자녀요 천국 시민으로서 완전한 지위와 권리를 되찾게 될 것이라는 소식이었다. 아담이 잃어버렸던 것을 우리가 되찾을 수 있다는 것이 하나님나라의 좋은 소식이다.

하나님은 그 나라의 좋은 소식을 전파하라고 하셨는데, 우리는 하나님나라에 들어가는 관문에만 집중하고 있다. 그분이 우리 죄로 말미암아 십자가에 못박혀 죽으셨다는 것과 우리에게 영생을 주시기 위해 부활하셨다는 사실 역시 진리요 좋은 소식이다. 그러나 그것이 복음 전체는 아니다.

예수께서는 하나님나라를 말씀하셨다. 사실 예수께서 명하신 것은 그 문 안쪽에서 펼쳐지는 삶에 관한 것이다. 우리는 온 세상 사람이 들어갈 수 있는 왕국이 있음을 알려야 한다. 그 나라에 들어가기만 하면 그들 삶의 모든 질서가 완전히 바뀌게 될 것을 전해야 한다.

생명과 권능과 권위와 희락이 넘치는 나라, 누구라도 값없이 들어갈 수 있는 나라가 있다는 말씀을 선포하라. 하나님나라는 포스트 모던의 세상에서 살아가는 모든 사람들에게 용기를 줄 것이다.

왜곡된 복음

"하나님나라가 이 땅에 임했다. 원하는 자들은 모두 회개하고 그곳에 들어갈 것이다." 이것이 예수께서 선포하신 복음이요, 그를 따르는 자들에게 전파하도록 명령하신 복음이다. 그런데 언제부터인지 교회는 초점을 잃어버렸다. 근래에는 교회 강단에서 하나님나라를 전하는 말씀을 거의 들을 수 없다. 번영, 신앙, 은사, 사역 등은 설교하면서도 제일 중요한 주제인 하나님나라는 말하지 않고 있다.

2천년 전, 교회에 사명을 주시며 예수님은 분명히 말씀하셨다. 여기에는 애매한 부분이 없다. 우리가 설교하고 가르쳐야 할 것이 무엇인지 뚜

렷하게 하신 것이다.

그러므로 너희는 가서 모든 민족을 제자로 삼아 아버지와 아들과 성령의 이름으로 세례를 베풀고 내가 너희에게 분부한 모든 것을 가르쳐 지키게 하라 볼지어다 내가 세상 끝날까지 너희와 항상 함께 있으리라 (마 28:19-20).

또 이르시되 너희는 온 천하에 다니며 만민에게 복음을 전파하라 (막 16:15).

이 천국 복음이 모든 민족에게 증언되기 위하여 온 세상에 전파되리니 그제야 끝이 오리라 (마 24:14).

우리는 사람들에게 천국에 들어갈 길만을 이야기하다 정작 그 나라에 들어가 하게 될 일은 거의 가르치지 못했다. 종종 우리 자신도 이에 대해 모를 때가 있다. 이 부분을 배우지 못했기 때문이다.

예수께서는 우리를 위해 죽으시고 부활하심으로 우리에게 하나님나라의 충만한 삶을 주셨다. 거기에는 우리가 필요로 하던 것들이 모두 있으며 한량없이 넘쳐난다. 하나님께서 우리에게 원하시는 것을 모두 완수하려면 우리는 하나님나라 안으로 완전히 들어가 그 나라가 제공하는 것들을 모두 선용해야 한다. 그럴 때에 비로소 하나님께서 우리 안에 두신 잠재력을 전부 활용할 수 있다.

세상을 이기는 믿음

구약의 선지자이면서도 신약의 계시를 지녔던 세례 요한이 전파한 것은 바로 하나님나라였다. "그 때에 세례 요한이 이르러 유대 광야에서 전파하여 말하되 회개하라 천국이 가까이 왔느니라"(마 3:1-2). 요한 이후에 예수께서도 같은 말씀을 선포하시며 등장하신다. "요한이 잡힌 후 예수께서 갈릴리에 오셔서 하나님의 복음을 전파하여 이르시되 때가 찼고 하나님의 나라가 가까이 왔으니 회개하고 복음을 믿으라"(막 1:14-15). "이 때부터 예수께서 비로소 전파하여 이르시되 회개하라 천국이 가까이 왔느니라"(마 4:17). 그렇다면 그 나라는 어디 있을까? 바로 당신 옆에 있다. 이미 하나님께서 이 땅을 다스리기 시작하셨다. 이제는 모든 사람이 하늘왕국의 실제를 이 땅에서 맛볼 수 있게 되었다.

세례 요한과 예수께서, 나아기 초대 교회가 선포했던 좋은 소식은 '하늘 왕국' Kingdom of heaven의 좋은 소식이었다. 오늘날 우리는 많은 경우 '하늘'의 좋은 소식을 선포하고 있는데, 이렇게 함으로써 그 소식을 왜곡하고 있는 셈이다. '하늘 왕국'의 좋은 소식과 '하늘'의 좋은 소식, 이 두 가지는 같지 않다. 예수께서는 결코 하늘을 설교하지 않으셨다. 그분의 제자들도 마찬가지였고 우리도 그러지 말아야 한다. 하지만 매일매일 삶 속에서 치열한 싸움을 싸우고 있는 사람들은 "쓰디쓴 지금, 바로 이 시간에" 그들을 도와줄 말씀을 필요로 하고 있다. 사람들에게 필요한 것은 하늘 왕국(나라)의 좋은 소식이다.

'달콤한 미래'가 다가오면 하늘로 올라갈 것이라는 생각은 엄청난 호소력을 발휘한다. 지난 여러 세기 동안 교회는 하늘을 강조하는 메시지를 전했지만, 정작 복음서에는 그런 부분이 없다. 인류는 재앙을 만날 때마다 하늘을 도피처요 안식처이자 위안처로 생각했다. 유럽 사람들에게 흑사병이 재앙이었다면, 아프리카 사람들에게는 노예제가 재앙이었다. 흑사병이 휩쓸면 유럽에서는 몇 백만의 사람이 죽어갔고 살아남은 자들은 하늘을 위로 삼아 소망을 얻곤 했다. 노예의 멍에를 짊어진 수백만의 아프리카인들은 이 땅에서 삶의 희망을 찾아볼 수 없었다. 그들에겐 하늘만이 미래의 소망이었다.

당신 주위에 있는 사람들이 차근차근 죽어가고, 이제 당신 차례가 되었다고 해보자. 당신은 십중팔구 세상일은 제쳐 놓고, 내세의 소망을 붙잡으려고 할 것이다. 당신이 가진 게 없고 다른 사람이 당신과 가족을 포함해 모든 것을 소유하고 있다고 해보자. 그러면서 날마다 등이 휠 정도로 고된 일을 해야 한다면? 피안 세계에서 누릴 영원한 안식의 약속만이 든든한 위로가 될 것이다. "그래, 참고, 참고 또 참자. 어차피 인생은 고해苦海야. 하지만 주님이 오시면 우리를 이 고통 속에서 건져 주실 테지."

하늘이 주는 위안으로 우리는 이 어둠의 시간을 견뎌내고 있다. 하지만 그런 위안은 우리가 설교하는 복음서의 초점이 아니다. 우리가 세상에 삼켜질 찰나에 예수께서 우리를 구원해 주실 것이라는 약속은 성경에서 찾아볼 수 없다. 도리어 성경은 예수 안에서 우리가 이 세상을 이길 것이라고 약속한다. "이것을 너희에게 이르는 것은 너희로 내 안에서 평안을 누리게 하려 함이라 세상에서는 너희가 환난을 당하나 담대하라 내가 세상을 이기었노라"(요 16:33). "무릇 하나님께로부터 난 자마다 세상을 이기느니라 세상을 이기는 승리는 이것이니 우리의 믿음이니라 예수께서 하나님의 아들이심을 믿는 자가 아니면 세상을 이기는 자가 누구냐"(요일 5:4-5).

이것은 우리가 하나님나라의 시민답게 살고 생각하며 행동하면 성공과 승리와 풍성한 열매를 체험할 수 있다는 의미다. 그것도 '달콤한 미래'가 아니라, 바로 오늘, 이번 주에 경험할 수 있다. 지금 당장 승리를 맛볼 수 있다. 우리는 환경의 희생 제물로 살아가지 않아도 된다. 우리는 하나님나라 시민권을 마음껏 활용할 수 있다. 하나님나라가 주는 온갖 축복과 권리, 혜택을 통해 자신의 처지를 극복하고, 그런 상황에 처해 있더라도 전진할 수 있다. 하나님나라의 삶은 그저 팔짱끼고 물러앉아 수수방관하는 삶이 아니다. 이 세상의 맹공격 앞에서 맥없이 나가떨어지는 삶이 아니다. 하나님나라의 삶은 확신을 품고 전진하는 삶이다. 하나님의 자녀로서 지혜와 권능과 담대함으로 힘차게 나아가는 삶이다.

우리 밖에 있는 그 무엇도 우리 안에 있는 것보다 크지 않다. 사도 요한도 "너희는 하나님께 속하였고 또 그들을 이기었나니 이는 너희 안에 계신 이가 세상에 있는 자보다 크심이라"(요일 4:4)고 기록했다. 그것은 무너지지 않는 승리의 공식이다. 우리는 그리스도 안에서 천국 시민이다. 우리가 지금 여기서 펼쳐지고 있는 하루하루의 삶을 승리하며 살아갈 수 있도록 그 나라는 우리에게 모든 자원을 베풀어준다.

하늘이 땅에 임하고 있다

예수 그리스도는 하나님나라로 들어가는 유일한 길이시다. 그렇지만 그리스도를 믿는다고 해서 하나님나라의 시민으로 살아간다는 의미를 저절로 이해하게 되는 것은 아니다. 예수를 믿고 사랑하면서도 정작 하나님나라와 그 안에서 자신들이 갖는 진정한 위치에 대해 배우지 못한 신자들이 많다.

예수께서는 우리가 하늘에 가는 것보다는 하늘이 땅에 임하고 있음을 설교하셨다. 정말 천국은 이 땅에 이미 임했고 예수님은 그 소식을 알리는 분이었다. 제자들에게 기도를 가르치실 때에도 주님은 이 점을 강조하셨다. "그러므로 너희는 이렇게 기도하라 하늘에 계신 우리 아버지여 이름이 거룩히 여김을 받으시오며 나라가 임하시오며 뜻이 하늘에서 이룬 것 같이 땅에서도 이루어지이다"(마 6:9-10).

예수께서는 먼저 '우리 아버지'를 말씀하신다. 그분은 내 아버지, 당신의 아버지만이 아니라 신자들 모두의 아버지이시다. 우리 아버지는 '하늘에' 계신다. 그분은 땅에 계신 분이 아니라 하늘에서 당신 나라를 통치하신다. 우리는 기도할 때 그분을 땅이 아니라 하늘에 계신 분으로 불러야 한다. 그러나 하늘은 저 멀리 있지 않고 우리 자신과 잇닿아 있다. 어떤 신자든지 죽음을 맞이하면 즉시 하늘에 있게 된다. 하나님은 그토록 가까이 계신다.

그리고 예수께서는 우리에게 하나님 경외함을 가르치신다. "이름이 거룩히 여김을 받으시오며." 거룩하다는 말은 "순수하고 숨은 뜻이 전혀 없는 상태 또는 모든 악에서 떠난 상태"를 말한다. 하나님은 항상 진심을 말하시고 말씀하신 것을 반드시 지키신다.

이어서 "나라가 임하시오며 뜻이 하늘에서 이룬 것 같이 땅에서도 이루어지이다"는 말씀이 나온다. 하나님의 뜻이 이루어지는 것뿐만 아니라 하나님의 나라가 임하시기를(우리가 그 나라로 가는 것이 아니라) 기도해야 한다는 점에 주목하라. '뜻'은 '목적'과 같은 말이다. 하나님의 뜻이 이 땅에서 이루어지기를 기도하는 것은, 하나님께 그분의 목적을 이루시도록, 그분이 원래 품으셨던 의도를 이루시도록 간구하는 것이다. 하늘에서 일어나는 일은 무엇이든지 땅에서도 나타나기를 기도하는 것이다. 아담이 타락했을 때 그는 이 땅에 아버지의 뜻이 아닌 또 다른 뜻을 만들었다. 하나님나라에 속한 사람들은 이 세상을 아버지의 뜻 아래

통일해야 한다.

하나님의 원래 목적은 하늘에서 행하시는 당신의 통치를 인간을 통해 이 땅까지 확장하시는 것이었다. 우리가 살고 있는 이 땅, 곧 육의 영역이 하나님이 계신 하늘, 곧 영의 영역을 반영하는 것이 하나님의 바람이었다. 이 땅 위에 천국이 이루어지는 것이 하나님의 원래 의도요 변치 않는 뜻이었다. 예수님의 말씀과 사역의 초점도 지상 천국이었다. 네 복음서 모두에서 천국이 직접 언급된 부분만 해도 100군데가 넘는다. 세례 요한도 천국을 설파했다. 예수께서도 천국을 선포하셨다. 그것이 그분의 유일한 말씀이었다. 베드로, 야고보, 요한 그리고 다른 사도들도 천국을 전파했다. 바울도 그랬다. 초대 교회도 천국을 전했다.

어둡고 고단한 이 세상, 절망과 낙담 가운데 있는 세상은 하나님나라의 좋은 소식을 기다리고 있다. 아니 처절한 심정으로 그 소식을 듣고 싶어 한다. 천국 복음을 온 세상에 전파하면서 우리는 그리스도께서 다시 오실 길을 준비한다. 그것이 그리스도의 몸인 우리의 사명이요 과제이다. 우리가 하지 않는다면 누가 하겠는가?

[한눈에 보는 5장]

1. 하나님의 목적은 인류를 통해 당신의 통치를 이 땅 위에 회복하시는 것이다.

2. 예수께서는 하나님나라를 우리에게 다시 알리시고자 이 땅에 오셨다. 십자가 위에서 피 흘려 죽으심으로써 주님은 우리가 하나님나라로 들어갈 수 있는 길을 여셨다.

3. 하나님나라는 우리에게 상속으로 주어졌다. 우리는 그 나라를 다스릴 권한을 갖고 있다.

4. 예수께서 설교하시고 우리가 전해야 할 좋은 소식이란 하나님나라가 이 땅에 임했으며, 그분으로 말미암아 우리 모두 그 나라에 속할 수 있게 되었다는 것이다.

5. 좋은 소식은 이것이니 곧 우리가 그리스도 안에서 천국 시민이 되었으며, 나아가 지금 여기서 펼쳐지고 있는 하루하루의 삶을 승리하며 살아갈 수 있도록 그 나라의 모든 자원이 우리에게 허락되었다는 사실이다.

우리는 섬기는 왕이다

하나님나라는 모든 시민이 왕으로 세움을 받은 유일한 나라이다. 우리는 하나님이 주신 은사로 이 세상을 섬기는 왕이다. 이것이 바로 "누구든지 크고자 하거든 먼저 섬기는 자가 되어야 한다"고 하신 주님의 뜻이다. 하나님나라는 종처럼 섬기는 지도자를 기초로 움직인다.

우리가 하나님나라의 문 안에 들어섰다면 그 나라의 본질을 이해하는 것이 우리 영혼의 성장에 매우 중요하다. 우리 마음은 그리스도의 마음을 그대로 비추어야 하고, 우리 정신은 그리스도의 정신을 그대로 드러내야 한다. 하나님께서 말씀하시며 행하시는 모든 것은 그 나라와 관련을 맺고 있다. 우리가 왕이신 하나님의 신실한 자녀가 되고, 그분이 우리에게 부여하신 다스림의 권세를 기꺼이 사용하려면 그분의 마음과 그 이름으로 다스리는 법을 알아야만 한다.

성령께서 다시 오시다

하나님께서는 당신 나라의 통치가 이 땅 위에 임하기를 원하셨다. 하나님의 영이 사람 속에 거하시고 그 생각과 삶을 하나님의 뜻을 따라 인도하심으로써 사람은 하나님나라를 이 땅 위에 드러낼 수 있게 되었다.

오직 하나님이 성령으로 이것을 우리에게 보이셨으니 성령은 모든 것 곧 하나님의 깊은 것까지도 통달하시느니라 사람의 일을 사람의 속에 있는 영 외에 누가 알리요 이와 같이 하나님의 일도 하나님의 영 외에는 아무도 알지 못하느니라 우리가 세상의 영을 받지 아니하고 오직 하나님으로부터 온 영을 받았으니 이는 우리로 하여금 하나님께서 우리에게 은혜로 주신 것들을 알게 하려 하심이라 우리가 이것을 말하거니와 사람의 지혜가 가르친 말로 아니하고 오직 성령께서 가르치신 것으로 하니 영적인 일은 영적인 것으로 분별하느니라 (고전 2:10-13).

하나님의 영은 이 땅을 다스리는 인간과 하늘을 다스리시는 하나님을 잇는 연결 고리이다. 하나님의 영은 사람이 하나님의 뜻을 이 땅에서 실

천하도록, 그 뜻을 사람에게 계시하고 지혜를 공급하며 그 걸음을 인도하셨다. 이 최초의 질서 속에는 하나님과 인간 사이에 완전한 조화가 존재했다. 하늘과 땅이 통일되었다. 모든 것이 원래 의도대로 움직였다. 첫 인간인 아담과 하와는 성령으로 충만하여 하나님과 친밀한 교제를 나누었다.

그러나 그들이 사탄의 유혹에 넘어가 하나님께 불순종하자 이 소통의 통로(성령)는 끊어지고 온 우주의 세력에 혼란이 일어났다. 죄가 인간을 부패하게 만들었다. 사람은 거룩하지 못한 그릇이 되었고 성령은 그들을 떠나셨으며 사람과 하늘 사이에는 소통이 끊어지게 되었다.

사람은 땅을 다스리도록 설계된 존재였지만 이제는 거꾸로 땅이 그를 지배하게 되었다. 모든 것이 원래 질서와 정반대가 되어버렸다. 사람은 억제할 수 없는 열정, 제어할 수 없는 욕망, 저열한 본능의 노예로 전락했다. 사람은 자신이 다스리던 것으로부터 다스림을 받는 신세가 되었다. 성령이 떠나자 하나님을 거역한 다른 영이 사람을 지배하게 되었다.

수천 년 동안 하나님은 만물의 회복을 진행해 오셨다. 하나님은 아브라함을 부르시고 그 자손으로부터 한 민족이 나오게 하셨으며, 그 민족을 애굽의 종된 처지에서 구원해 내시고, 그들에게 주시겠다고 약속하셨던 땅으로 인도하셨다. 하나님께서는 그 민족 안에서 다윗을 통해 왕의 세보를 세우시고 그 계보에서 나올 왕에게 영원한 통치권을 약속하셨다.

때가 차매 예수께서 오셨다. 육으로는 다윗의 자손이요 동정녀 마리

아의 아들이었으나 영으로는 그리스도시요 살아계신 하나님의 아들이었다. 그리고 성령님이 예수 그리스도에게 임하셨다. 이는 성령님이 이 땅에 다시 오셨음을 의미한다. 아담과 하와를 떠난 이후 처음으로 사람 속에 충만한 능력으로 거하시게 된 것이다. 기름부음 받은 자요 하나님의 영원한 독생자인 그리스도께서 예수라는 참 인간으로 이 땅에 오셨다.

예수 그리스도는 참 하나님이자 참 사람이요 육을 지니신 하나님이셨다. 그 안에 하나님의 충만하심이 육체의 형태로 머물러 계셨다(참고. 골 2:9). 그 충만한 것이 바로 성령이셨다. 성령님은 이제 에덴 이후 처음으로 인간의 육체 안에 거하시게 되었다. 예수님은 하나님의 영이 역사하면 사람에게 신령한 잠재력이 주어질 수 있음을 보여주셨다.

예수께서 성령이 충만하심으로 공생애 사역을 시작하셨을 때 그분이 선포하신 말씀은 지극히 단순했다. "회개하라 천국이 가까이 왔느니라"(마 4:17). 그분의 말씀은 모든 이들, 모든 족속의 사람에게 선포되었다. 예수께서는 "너희 생각이 부패하여졌으니 회개하고 너희 마음을 바꾸라"고 말씀하신 것이다. 사람은 죄 때문에 부패하여졌으며 이제 천국이 가까이 왔기에 마음을 바꾸어야만 한다. 오랫동안 지상에서 사라졌던 천국이 이제 다시 돌아왔다. 예수께서는 이 땅에 천국을 다시 임하게 하시려고 오셨다. 바로 지금 여기서 우리는 새로운 실재에 우리의 생각을 맞추어야만 한다.

어떻게 의와 거룩함을 회복하는가

예수께서는 천국을 다시 임하게 하실 뿐만 아니라, 인류에게 의와 거룩함을 회복시켜 주시려고 이 땅에 오셨다. 많은 사람들은 의義를 잘못 생각하고 있다. 그들은 의롭다는 것을 의로운 일을 행하는 것으로 생각한다. 어떤 이들은 긴 옷을 입고 넥타이를 매는 것, 결코 웃지 않거나 유희를 즐기지 않는 것을 의로움으로 생각한다. 어떤 이들은 십자가 목걸이를 건 채 큰 성경을 들고 다니며 그렇게 여긴다. 그들은 자기가 그리스도인임을 나타내는 스티커를 자동차 범퍼에 붙여 놓으면서 으스대기도 한다.

그러나 그런 것은 의가 아니다. 의는 종교 행위보다는 삶의 상태와 더 밀접한 관련이 있다. 옳은 행동도 중요하다. 그러나 그런 행동도 의로운 상태에서 나온 것이어야만 한다. 너무나 많은 사람들이 의로운 행동 때문에 의롭게 된다고 믿고 있다. 이것은 옳지 않다. 의는 제 위치에 있다는 뜻이며, 의로운 사람은 올바른 위치에 있는 사람을 말한다.

아담과 하와가 죄를 범했을 때 그들은 성령을 잃어버렸다. 그들은 하나님과 나누던 교제를 상실했고, 천국의 유일한 주관자가 올바르다고 여기는 자리를 벗어났다. 그들의 아버지이신 하나님과 가졌던 관계는 파괴되었다. 그들은 땅을 다스릴 자로 지으심 받았지만 하나님나라와 연결이 끊어지면서 무엇을 어떻게 해야 할지 모르는 처지로 전락하고 말았다. 아담과 하와는 지으심을 받은 목적을 철저히 잃어버린 것이다.

우리를 다시 의롭고 거룩한 존재로 만드시기 위해 예수님은 자신의 피를 흘리셨다. 히브리서 9장 22절은 "율법을 따라 거의 모든 물건이 피로써 정결하게 되나니 피 흘림이 없은즉 사함이 없느니라"라고 말씀하신다. 오직 예수의 피만이 우리를 죄로부터 정결하게 하고 우리의 부끄러움을 제거할 수 있다. 이 때문에 예수께서 죽으셔야만 했다. 오래된 찬송 가사의 고백처럼 "나의 죄를 씻기는 예수의 피 밖에 없"다. 예수께서 흘리신 피가 우리 죄를 씻고 우리를 용서할 기초를 만드셨다. 그 피로 말미암아 그리스도께서는 우리에게 의와 거룩함을 회복시키고 성령을 부어 주실 수 있었던 것이다.

하나님나라의 섭리에 따르면, 피는 우리의 회복에 있어 꼭 필요하다. 구약에서 율법이 동물의 피를 흘리는 제사를 요구했던 것도 이것 때문이다. 유대의 희생 제사는 정결하고 죄 없으신 예수께서 하나님의 어린양으로서 피흘려야 할 것을 예표했다. 예수의 피만이 우리 죄를 단번에 씻고 덮어버릴 수 있었다.

동물을 희생으로 바치는 것은 단지 죄를 가리는 상징에 불과했다. 어린 양의 죽음만으로는 인간의 죄가 실제로 제거될 수 없었다. 사람의 죄를 깨끗하게 씻으려면 사람이 피를 흘려야만 했다. 그리고 죄가 전혀 없는 자, 정결하고 흠이 없고 거룩한 자라야만 그러한 희생물의 자격이 될 수 있었다. 하나님의 아들로서 죄가 전혀 없으신 분, 동정녀 마리아에게 나신 예수 그리스도만이 유일하게 이러한 요구를 충족시킬 수 있었다.

예수님의 피는 너무나 중요하다. 우리가 자주 교회에 가고 활동적으로 행동하며 자주 성찬에 참여하면서 많은 헌금을 하더라도, 또한 가난한 자, 병든 자를 자주 돕는다 할지라도, 우리가 만일 예수 그리스도를 구주요 주님으로 고백하지 않는다면, 그의 피가 우리 죄를 덮고 우리를 씻도록 하지 않는다면, 우리는 여전히 버림받은 자요 하나님나라 밖에 있는 자일 뿐이다. 선행이 죄를 없애지 못한다. 건전한 신학이나 올바른 교리도 죄를 없애지 못한다. 오직 그리스도의 피만이 우리를 죄에서 깨끗하게 하시며, 우리를 의롭고 거룩한 존재로 회복시켜 주신다. 선행, 건전한 신학, 올바른 교리는 거룩한 영 안에서 성장해 가는 삶의 부산물일 따름이다. 그러나 이런 것들도 예수님의 피가 없다면 아무 것도 아니다.

우리 영은 죄로 말미암아 죽었고 우리는 사탄과 그가 다스리는 어둠의 나라의 노예요 인질이 되었다. 그러나 예수께서 십자가에 돌아가심으로써 우리의 해방을 위한 속전贖錢을 치르셨다. 예수께서 우리를 위해 죄 있는 자가 되시고, 그 결과 우리는 하나님의 의가 될 수 있었던 것이다(참고. 고후 5:21).

하나님나라의 지도자로 재교육하다

우리는 하나님의 자녀요 천국 왕가王家의 구성원이다. 그렇지만 우리는 아무런 준비 없이 왕족이 될 수는 없다. 훈련을 받아야만 한다. 통치자가 되려면 적절하고 꼼꼼한 훈련을 받아야만 한다.

완벽한 예를 영국 왕가에서 볼 수 있다. 윌리엄 왕자와 동생 해리 왕자가 교육받는 것을 보라. 찰스 왕세자와 다이애너 비 사이에서 태어난 이 두 젊은이는 장차 왕위를 이을 특별한 자리에 있다는 이유 때문에 태어날 때부터 그에 걸맞은 보살핌을 받았다. 어릴 적부터 그들은 자신이 왕족이라는 사실을 교육받았다. 그들이 그 뜻을 이해하기 전에 이미 교육은 시작되었다. 두 살짜리 아이에게 '너는 장차 왕이 될 것이다'라는 말의 뜻을 전달하려고 애쓰는 모습을 상상해 보라. 윌리엄이 태어나기 전부터 벌써 한 무리의 가정교사들이 자신의 임무를 위해 대기하고 있었다. 각자의 임무는 달랐지만 전체의 소임은 같았다. 어린 왕자에게 그가 누구인지와 그 신분에 맞게 행동하는 법을 가르치는 것이었다. 윌리엄 왕자와 해리 왕자는 태어날 때부터 왕답게 걷는 법, 말하는 법, 생각하는 법, 처신하는 법을 배웠다.

마찬가지로 우리도 천국 왕의 자녀답게 생각하고 행동하는 법을 배워야만 한다. 우리는 너무나 오랫동안 어둠의 나라의 노예로서 그 삶의 방식과 정신 상태를 지닌 채 살아왔다. 자연히 우리는 노예답게 생각하고 노예답게 행동했었다. 우리가 이 지상에서 아버지의 대사로서 완전한 권한과 잠재력을 행사하려면 먼저는 아버지 나라의 행위 방식과 사고방식을 따라 다시 교육을 받아야 한다. 이 일에 성령께서 우리의 가정교사가 되시는 것이다.

신자가 되면 우리는 예수 그리스도로 말미암아 그 영이 새롭게 태어난다. 예수 그리스도는 왕의 자녀인 우리를 훈련하고 양육하도록 성령님께 우리를 '위탁하신다.' 우리 신앙의 기초는 예수 그리스도와 인격 대 인격으로 나누는 교제에 있지만, 그분은 하늘에 계신 아버지 오른편에 앉아 계시기에 그분과 우리가 의사소통할 수 있는 길은 성령밖에 없다. 바로 그 때문에 그분은 우리와 함께 영원히 거하면서 왕답게 생각하고 왕답게 행동하도록 우리를 가르칠 성령을 보내시겠다고 약속하셨던 것이다.

> 내가 아버지께 구하겠으니 그가 또 다른 보혜사를 너희에게 주사 영원토록 너희와 함께 있게 하리니 그는 진리의 영이라 … 보혜사 곧 아버지께서 내 이름으로 보내실 성령 그가 너희에게 모든 것을 가르치고 내가 너희에게 말한 모든 것을 생각나게 하리라 (요 14:16-17, 26).

> 그러하나 내가 너희에게 실상을 말하노니 내가 떠나가는 것이 너희에게 유익이라 내가 떠나가지 아니하면 보혜사가 너희에게로 오시지 아니할 것이요 가면 내가 그를 너희에게로 보내리니 … 그러나 진리의 성령이 오시면 그가 너희를 모든 진리 가운데로 인도하시리니 그가 스스로 말하지 않고 오직 들은 것을 말하며 장래 일을 너희에게 알리시리라 (요 16:7, 13).

우리는 하나님나라의 왕자요 왕녀이다. 그러나 이제까지 우리는 모든 생애를 노예의 거주지에서 보냈다. 우리의 생각과 행동거지는 하룻밤 자고 일어난다 해서 바뀌지 않는다. 그러나 성령님이 우리 안에 들어와 계속 사시면서, 지속적인 사랑의 마음으로 우리가 누구인지 일깨워 주시고 그에 합당하게 생각하고 말하며 행동하는 것을 가르치신다. 우리에게는 성령님 같은 가정교사가 필요하다. 우리 마음과 생각이 부패하여 자신이 그리스도 안에 있다는 진리를 이해하고 순수하게 믿으려면 시간이 필요하기 때문이다.

성령께서는 우리에게 많은 것을 가르치신다. 그 중 하나로는 어떤 곤경과 역경이 우리 삶에 찾아온다 해도 하나님의 자녀로서 그 권위를 지키는 것이 있다. 하늘에 계신 아버지의 아들로서 우리는 주변 상황의 노예가 되지 않고 상황을 다스리며 책임질 수 있다. 그 모든 것이 가정교사 성령님께서 우리를 훈련하시기 때문이다.

어쩌면 우리를 왕의 자녀답게 생각하고 행동하도록 재교육시키는 것이야말로 예수님의 사명 중에 가장 고단한 일이었을지 모른다. 우리는 너무나 완고하고 우둔하며 배움에 더딘 자들이기 때문이다. 이것은 죄로 말미암아 우리 눈이 멀고 영이 무디어진 탓도 있지만, 한편으로는 인류가 하나님이 세워 주신 왕이요 거룩한 자라는 본연의 처지에서 너무나 오랫동안 벗어나 있었던 탓도 있다. 우리는 너무나 오랫동안 우리 '본향집' 과 연락이 끊어진 채 살아왔다. 그로 인해 우리는 자신이 누구인지,

우리가 지으심을 받은 목적이 무엇인지 까마득하게 잊어버렸다. 예수께서는 우리로 하여금 자신이 누구이며, 지음 받은 목적은 무엇인지 다시 발견하게 하려고 이 땅에 오셨다. 그 신분을 주장하며 그 목적 안에 살게 하시려고 우리를 교육하고자 이 땅에 오신 것이다.

이 땅에서 하나님나라의 통치를 회복하시다

예수님의 또다른 지상 사명은 인류를 통해 하나님나라의 통치를 이 땅에 회복하는 것이었다. 예수님의 삶은 이 땅에 임한 하나님나라를 그대로 보여주는 본보기였다. 예수께서는 병자를 고치시고, 죽은 자를 다시 살리시며, 물 위를 걸으시고, 폭풍을 말씀으로 잠잠하게 하시며, 수많은 사람들을 아주 적은 물고기와 떡으로 배불리 먹이셨다. 그 모두는 하나님나라가 진정 이 땅에 임했음을 보여주신 것이었다.

아담과 하와는 에덴의 동산에서 타락했으나 하나님의 갈망은 변하지 않았다. 하나님은 여전히 그분이 주님이심을 인정한 사람들 안에 거하시는 성령을 통해 당신의 나라를 드러내심으로써 이 땅을 통치하고자 하신다.

우리가 그리스도께 돌아가면 이 땅에서 영적인 '궁전'을 이루는 '돌들'이 되어 하나님나라의 위엄을 드러내게 된다. 우리는 왕과 제사장이 되어 세상 열방 앞에서 하나님나라를 대표하는 것이다.

사람에게는 버린 바가 되었으나 하나님께는 택하심을 입은 보배로운 산 돌이신 예수께 나아가 너희도 산 돌 같이 신령한 집으로 세워지고 예수 그리스도로 말미암아 하나님이 기쁘게 받으실 신령한 제사를 드릴 거룩한 제사장이 될지니라 성경에 기록하였으되 보라 내가 택한 보배로운 모퉁잇돌을 시온에 두노니 그를 믿는 자는 부끄러움을 당하지 아니하리라 하였으니 … 그러나 너희는 택하신 족속이요 왕 같은 제사장들이요 거룩한 나라요 그의 소유가 된 백성이니 이는 너희를 어두운 데서 불러내어 그의 기이한 빛에 들어가게 하신 이의 아름다운 덕을 선포하게 하려 하심이라 너희가 전에는 백성이 아니더니 이제는 하나님의 백성이요 전에는 긍휼을 얻지 못하였더니 이제는 긍휼을 얻은 자니라 (벧전 2:4-6, 9-10).

인류사에서 종교 사회는 제사장과 왕을 별개의 직무와 기능을 가진 자로 구분했으나 하나님은 처음에 그런 일을 계획하지 않으셨다. 하나님께서 우리를 창조하셨을 때 그분은 우리가 하나님을 대표하여 하나님의 대사로서 피조 세계를 다스리도록 하셨다. 우리는 이 땅에서 제사장이요 왕이었다. 제사장으로서 하나님의 본질과 특성을 대표하고 왕으로서 하나님나라 정부를 대표할 존재였다.

우리는 이제 그리스도로 말미암아 '거룩한 제사장'이요, '택하신 족속'이요, '왕 같은 제사장'이요, '거룩한 나라'가 되었다. 말 그대로 우리는 제사장직을 되찾아 온 세상 앞에서 하나님의 본질과 특성을 대변하게 되었다. 뿐만 아니라 우리는 '하나님의 백성'이다. 노예처럼 복종하는 백성이 아니라 하나님의 자녀이다. 하나님이 왕이시라면 우리는 그 왕의 백성이요 왕의 계보에 있는 자들이다. 따라서 우리도 이제 왕의 직무를 되찾아 이 땅에서 하나님의 통치를 대변하게 되었다.

우리 사명은 어둠의 나라에 노예로 잡혀 있는 이들을 천국의 문인 그리스도께 인도하는 것이다. 그리스도야말로 그들을 해방시켜 주사, 빛의 나라인 하나님나라의 완전한 시민권을 얻게 해 주실 수 있는 분이기 때문이다.

1. 예수님의 첫 번째 사명은 하나님나라를 이 땅에 있는 인류에게 임하게 하는 것이었다.

2. 예수께서는 사람에게 의와 거룩함을 회복시켜 주시고자 이 땅에 오셨다. 하나님나라의 섭리에 의하면, 우리의 회복에는 보혈이 꼭 필요하다.

3. 사람이 하나님나라를 이 땅에 드러내려면 성령님의 임재가 있어야 한다.

4. 우리가 지상에서 아버지의 대사로 완전한 권한과 잠재력을 행사하려면, 먼저 아버지 나라의 행위 방식과 사고방식에 따라 다시 교육을 받아야만 한다.

5. 예수께서는 사람을 통해 이 땅에 하나님나라의 통치를 회복시키고자 하신다. 우리는 하늘에 계신 아버지의 아들이다. 우리는 주변 상황의 노예가 되지 않고, 그 상황을 다스리며 책임질 수 있다.

구약에 나타난 하나님나라

하나님나라에 대해 이야기할 때면 우리는 십중팔구 네 복음서 중 예수께서 그 나라에 대해 말씀하셨던 것만을 떠올린다. 예수님의 삶과 말씀이 전보다 더 풍성하게 하나님나라를 드러내었음은 확실하다. 하지만 그분의 생애는 하나님께서 태초부터 일하셨던 모든 것들이 정점에 도달한 것으로 보아야 한다. 창세기부터 요한계시록에 이르기까지 성경 전체는 하나님을 하늘과 땅을 통치하시는 위대하고 전능하신 왕으로, 세대가 흘러도 변하지 않는 계획을 따라 단호하게 일하시는 분으로 계시하고 있다.

너희가 내게 대하여 제사장 나라가 되며 거룩한 백성이 되리라 너는 이 말을 이스라엘 자손에게 전할지니라 (출 19:6).

나라는 여호와의 것이요 여호와는 모든 나라의 주재심이로다 (시 22:28).

오 하나님이여, 왕의 왕좌는 영원무궁하오며 왕의 왕국의 홀은 의로운 홀이니이다 (시 45:6, KJV).

이 여러 왕들의 시대에 하늘의 하나님이 한 나라를 세우시리니 이것은 영원히 망하지도 아니할 것이요 그 국권이 다른 백성에게로 돌아가지도 아니할 것이요 도리어 이 모든 나라를 쳐서 멸망시키고 영원히 설 것이라 (단 2:44).

우리는 성경이 어떤 종교를 말하는 책이 아니라, 어떤 왕국에 대해 말씀하는 책이라고 말한 바 있다. 구약 시대를 살았던 주의 일꾼들은 모두 이 사실을 깨닫고 있었다. 아브라함도, 모세도, 사무엘도, 다윗 왕도 그것을 알았고, 선지자들도 알고 있었다. 예수께서도 아셨다. 신약 성경에 나오는 모든 사도들과 다른 신자들도 그 사실을 알고 있었다. 우리만 모르는 것 같다.

그리스도의 몸인 교회는 근래 들어 하나님나라보다 다른 주제에 더 초점을 맞추고 있다. 그 결과, 많은 신자들은 하나님나라에 대해 아는 것이 거의 없는 지경이 되었다. 자신이 그 나라의 시민으로 여러 권리를 가진 존재라는 사실은 더욱 가려졌다. 이것은 비극이다. 우리는 세련되고 잘 배웠으며 기술 문명의 혜택을 많이 누리고 있다. 이른바 '계몽된' 현대 민주주의 사회에서 산다. 그렇지만 우리가 얼마나 하나님나라를 이해하고 그 나라와 긴밀한 연관을 맺고 있는가를 생각한다면, 오히려 구약시대 사람들이 우리보다 더 나은 형편이다.

하나님나라에 대해 말씀하시는 왕

시편에는 다윗과 다른 여러 기자들이 왕의 왕이신 하나님을 알고 그분을 경외했음을 보여주는 구절들로 풍성하다.

내가 나의 왕을 내 거룩한 산 시온에 세웠다 하시리로다 내가 여호와의 명령을 전하노라 여호와께서 내게 이르시되 너는 내 아들이라 오늘 내가 너를 낳았도다 내게 구하라 내가 이방 나라를 네 유업으로 주리니 네 소유가 땅 끝까지 이르리로다 네가 철장으로 그들을 깨뜨림이여 질그릇 같이 부수리라 하시도다 (시 2:6-9).

이 구절들은 왕이신 하나님만을 이야기하는 것이 아니다. 다른 한편으로는 예수님의 오심과 그분께서 아버지로부터 왕국을 이어받을 것을 예언하고 있다. 또한 다윗 왕은, 인간의 나라는 유한하나 하나님의 나라는 영원하다는 것을 이해하고 있었다.

여호와께서는 영원무궁하도록 왕이시니 이방 나라들이 주의 땅에서 멸망하였나이다 (시 10:16).

문들아 너희 머리를 들지어다 영원한 문들아 들릴지어다 영광의 왕이 들어가시리로다 영광의 왕이 누구시냐 강하고 능한 여호와시요 전쟁에 능한 여호와시로다 문들아 너희 머리를 들지어다 영원한 문들아 들릴지어다 영광의 왕이 들어가시리로다 영광의 왕이 누구시냐 만군의 여호와께서 곧 영광의 왕이시로다 (시 24:7-10).

여호와에서 홍수 때에 좌정하셨음이여 여호와께서 영원하도록 왕으로 좌정하시도다 (시 29:10).

여호와여 주께서 지으신 모든 것들이 주께 감사하며 주의 성도들이 주를 송축하리이다 그들이 주의 나라의 영광을 말하며 주의 업적을 일러서 주의 업적과 주의 나라의 위엄 있는 영광을 인생들에게 알게 하리이다 주의 나라는 영원한 나라이니 주의 통치는 대대에 이르리이다 (시 145:10-13).

다윗은 다시 한 번 하나님나라에 초점을 맞추고 있다. 자신이 왕이었음에도 불구하고, 그는 자기 자리를 알았다. 다윗은 자신이 하나님께 순종하며 백성에게 의무를 다하는 왕이자, 백성을 대표하여 하나님께 신령한 책임을 다하는 제사장임을 잘 알고 있었다. 다윗은 우리가 하나님나라에서 어떤 위치에 있는지 잘 보여준다. 우리도 다윗처럼 이 땅에 있는 백성들의 영혼을 보살피는 제사장직에 부름 받았을 뿐만 아니라, 이 세상을 다스리는 왕으로 부름 받았다.

옛 선지자들과 하나님나라

구약 시대에는 많은 선지자들도 강력한 환상과 영감을 받아 하나님과 그 나라의 영광과 엄위를 깨달아 알았다. 이런 환상들 중 가장 친숙한 대목 하나를 이사야서에서 볼 수 있다.

웃시야 왕이 죽던 해에 내가 본즉 주께서 높이 들린 보좌에 앉으셨는데 그 옷자락은 성전에 가득하였고 스랍들이 모시고 섰는데 각기 여섯 날개가 있어 그 둘로는 자기의 얼굴을 가리었고 그 둘로는 자기의 발을 가리었고 그 둘로는 날며 서로 불러 이르되 거룩하다 거룩하다 거룩하다 만군의 여호와여 그의 영광이 온 땅에 충만하도다 하더라 이같이 화답하는 자의 소리로 말미암아 문지방의 터가 요동하며 성전에 연기가 충만한지라 그 때에 내가 말하되 화로다 나여 망하게 되었도다 나는 입술이 부정한 사람이요 나는 입술이 부정한 백성 중에 거주하면서 만군의 여호와이신 왕을 뵈었음이로다 하였더라 (사 6:1-5).

하나님을 모신 스랍들이 끊임없이 그분을 찬양하며 그분의 분부를 받들고 있다. 이보다 더 강력히 보좌에 앉으신 왕의 모습을 묘사하는 장면은 찾기 어렵다. 이사야는 이내 자신이 지극히 큰 거룩함과 영광 가운데 있음을 깨닫게 되었다. 그는 만군의 여호와이신 왕을 보았던 것이다. 그 환상이 그를 너무나 압도했기에 두려울 정도였다. 하나님의 정결함과 거룩함이 지극하여 자신의 죄가 너무나 크게 보였기에, 이사야는 자신이 어느 때라도 멸망당할 수 있을 것이라고 생각했다. 그러나 이사야는 도리어 하나님의 자비로우신 의를 경험하게 된다.

때에 그 스랍 중의 하나가 부젓가락으로 제단에서 집은 바 핀 숯을 손에 가지고 내게로 날아와서 그것을 내 입술에 대며 이르되 보라 이것이 네 입에 닿았으니 네 악이 제하여졌고 네 죄가 사하여졌느니라 하더라 내가 또 주의 목소리를 들으니 주께서 이르시되 내가 누구를 보내며 누가 우리를 위하여 갈고 그 때에 내가 이르되 내가 여기 있나이다 나를 보내소서 (사 6:6-8).

그의 죄가 사하여지자, 이사야는 하나님의 부르심에 응답할 수 있게 된다. 이사야는 전능하신 하나님의 대사가 되었다. 그는 하나님나라의 소식을 모르고 거부한 채 제멋대로 사는 사람들에게 그 소식을 선포하도록 부르심을 받았다.

이사야는 또 다른 곳에서 왕의 유업을 이을 자 그리고 하나님나라의 본질과 특성에 대해 그가 받은 영감을 기록해 놓았다.

이는 한 아기가 우리에게 났고 한 아들을 우리에게 주신 바 되었는데 그의 어깨에는 정사를 메었고 그의 이름은 기묘자라, 모사라, 전능하신 하나님이라, 영존하시는 아버지라, 평강의 왕이라 할 것임이라 그 정사와 평강의 더함이 무궁하며 또 다윗의 왕좌와 그의 나라를 굳게 세우고 지금 이후로 영원히 정의와 공의로 그것을 보존하실 것이라 만군의 여호와의 열심이 이를 이루시리라 (사 9:6-7).

하나님나라는 전능하고 영존하시는 하나님이 다스리시는 나라이다. 기묘자요 모사인 분이 다스리시는 나라이다. 평강과 공의와 의가 넘치는 나라이다.

예레미야 역시 하나님이 왕이시며 지극히 높으신 분임을 통찰했던 선지자다. 그는 이렇게 기록했다.

여호와여 주와 같은 이 없나이다 주는 크시니 주의 이름이 그 권능으로 말미암아 크시니이다 이방 사람들의 왕이시여 주를 경외하지 아니할 자가 누구리이까 이는 주께 당연한 일이라 여러 나라와 여러 왕국들의 지혜로운 자들 가운데 주와 같은 이가 없음이니이다 … 오직 여호와는 참 하나님이시요 살아 계신 하나님이시요 영원한 왕이시라 그 진노하심에 땅이 진동하며 그 분노하심을 이방이 능히 당하지 못하느니라 (렘 10:6-7, 10).

예레미야에게 하나님은 만방의 백성들이 경외하며 영광을 돌려야 할 '열방의 왕,' "참 하나님, 살아계신 하나님, 영원한 왕"이셨다. 왕이신 하나님은 온 땅을 공의로 심판하시는 분이다. 어느 민족도 그분의 분노하심을 견뎌낼 수 없다. 예레미야는 하나님이 영의 세계와 육의 세계를 전부 주관하시는 진정한 왕이심을 알고 있었다. 이 세상 나라가 아무리 강력하고 무섭다 해도 결코 하나님나라와 비교할 수 없다.

사람의 손으로 만들어지지 않은 나라

구약 성경에 나온 인물 가운데 다니엘 선지자만큼 하나님나라에 대해 많은 계시와 통찰을 받은 사람은 없을 것이다. 다니엘서는 하나님나라의 주권이 세상 나라들을 경영해가는 것에 모든 초점을 맞추고 있다. 땅에 있는 여러 왕들의 힘과 의지가 하나님의 힘과 의지와 충돌하는 모습을 몇 차례 목격하지만, 그 때마다 하나님께서 주권자로 정점에 서 계시는 것을 볼 수 있다. 굴에 있던 굶주린 사자들도 그들의 입을 틀어막아 다니엘을 보호하신 하나님의 천사를 대적할 수 없었다.

다니엘은 '포로 세대'에 속한 사람이다. 포로 세대 유대인들은 바빌론 사람들에게 본토에서 쫓겨나 강제로 이주당했거나 바빌론에서 태어난 이들이었다. 비록 외국인이요 포로 신세였지만, 다니엘은 아주 명망 있는 인물이었고 바빌론 조정에서 고위직에 올랐던 사람이다. 그는 실로 명석한 두뇌와 진정한 지성의 소유자였고 훌륭한 교육을 받았으며 행정가로서 탁월한 재능을 가진 인물이었다. 무엇보다 그는 흠잡을 데 없을 정도로 신실하게 하나님을 사랑했다. 다니엘은 비범한 재능과 능력으로 여러 대에 걸쳐 바빌론의 왕들을 섬겼다.

꿈을 해석할 수 있는 것도 하나님께서 다니엘에게 주신 재능 가운데 하나였다. 그는 몇 차례 이 재능을 발휘했다. 한 번은 느부갓네살 왕이 기괴한 꿈을 꾸었는데 왕은 그 내용을 해석할 수 없었다. 나라 안의 유명한 마술사, 주술사, 점성가들을 소집한 왕은 그가 무슨 꿈을 꾸었으며 그 꿈의 의미가 무엇인지 해석하라는 명령을 내렸다. 왕의 명령을 이행하지 못할 때에는 죽음이 기다리고 있었다. 누구도 왕의 꿈을 설명하지 못하자, 왕은 바빌론의 모든 현자들을 처형하라고 명한다. 그러나 왕의 명령이 실행되기 전에 다니엘이 이 일을 전해 들었다.

왕 앞에 선 다니엘은 왕의 꿈이 무엇인지 정확하고 상세하게 설명한다. 느부갓네살은 꿈속에서 큰 신상을 보았다. 그 신상의 머리는 정금, 가슴과 팔들은 은, 배와 넓적다리는 놋, 다리(종아리)는 철, 발의 일부는 철, 일부는 진흙으로 되어 있었다. 그런데 사람이 손대지 않은 돌 하나가 신상의 철과 진흙으로 된 발을 쳐서 부수자, 나머지 부분도 산산조각 나서 끝내 바람에 날아가고 말았다. 이 일 뒤에, 신상을 친 돌은 자라나 태산이 되고 온 세상을 가득 채우게 되었다(단 2:31-35 참조).

다니엘은 이어서 그 꿈을 해석하기 시작했다. 각기 다른 재료로 되어 있던 신상의 부분들은 장차 이 땅에서 일어날 나라들을 말하는 것이었다. 느부갓네살이 다스리던 바빌론 왕국이 정금으로 된 머리에 해당했다. 다니엘의 해석을 들어보자.

왕을 뒤이어 왕보다 못한 다른 나라가 일어날 것이요 셋째로 또 놋 같은 나라가 일어나서 온 세계를 다스릴 것이며 넷째 나라는 강하기가 쇠 같으리니 쇠는 모든 물건을 부서뜨리고 이기는 것이라 쇠가 모든 것을 부수는 것 같이 그 나라가 뭇 나라를 부서뜨리고 찧을 것이며 왕께서 그 발과 발가락이 얼마는 토기장이의 진흙이요 얼마는 쇠인 것을 보셨은즉 그 나라가 나누일 것이며 왕께서 쇠와 진흙이 섞인 것을 보셨은즉 그 나라가 쇠 같은 든든함이 있을 것이나 그 발가락이 얼마는 쇠요 얼마는 진흙인즉 그 나라가 얼마는 든든하고 얼마는 부서질 만할 것이며 왕께서 쇠와 진흙이 섞인 것을 보셨은즉 그들이 다른 민족과 서로 섞일 것이나 그들이 피차에 합하지 아니함이 쇠와 진흙이 합하지 않음과 같으리이다 이 여러 왕들의 시대에 하늘의 하나님이 한 나라를 세우시리니 이것은 영원히 망하지도 아니할 것이요 그 국권이 다른 백성에게로 돌아가지도 아니할 것이요 도리어 이 모든 나라를 쳐서 멸망시키고 영원히 설 것이라 손대지 아니한 돌이 산에서 나와서 쇠와 놋과 진흙과 은과 금을 부서뜨린 것을 왕께서 보신 것은 크신 하나님이 장래 일을 왕께 알게 하신 것이라 이 꿈은 참되고 이 해석은 확실하니이다 하니 (단 2:39-45).

성경학자들은 대체로 철과 진흙이 섞인 발 부분을 제외한 신상의 다른 부분들은 이 땅에 실제로 출현하여 존속했던 왕국과 제국들을 가리킨다는 점에 의견을 같이 한다. 정금으로 된 머리였던 바빌론은 은으로 된 가슴과 팔이 상징하는 페르시아 제국에 멸망당한다. 이 페르시아 제국은 놋으로 된 배와 넓적다리가 상징하는 그리스 제국*에 멸망당하고 만다. 철로 된 다리는 로마 제국을 상징하는데, 이 제국은 그리스나 그 이전의 어떤 제국보다도 더 강대하고 광활한 영토를 가진 나라였다. 수 세기 동안, 로마인들은 온갖 지항 세력들을 무씨르고 법에 기초하여 안정된 정부를 세워 역사상 가장 위대한 제국을 건설했다.

---

* 정확히 말하면 알렉산드로스 대왕이 이끌던 마케도니아 제국.

철과 진흙이 섞인 발이 상징하는 나라는 역사 무대에 아직 등장하지 않았다. 그러나 많은 사람들은 그 나라가 이미 만들어지고 있다고 믿는다. 진흙과 철은 섞일 수 없다. 그 둘이 섞여서는 강력하고 든든한 것이 될 수 없다. 따라서 이 상징은 결코 섞일 수 없는 하나의 제국 또는 연합체를 가리킨다. 많은 사람들은 이것이 유럽, 특히 오늘날의 유럽 연합을 상징한다고 믿는다. 유럽의 여러 나라들은 전쟁과 불안한 평화를 반복하며 공존하기 위해 늘 몸부림쳐 왔다. 요한계시록에 따르면 바로 이 정부 체제로부터 '짐승'과 적그리스도가 나올 것이라고 한다. 어떤 해석자들은 예수께서 재림하시기 전에 로마 제국이 부활할 것이며 그 로마 제국은 다름 아닌 유럽 연합이 될 것이라고 한다.

마지막 왕국

그러나 다니엘은 이렇게 지상에서 여러 나라가 연이어 일어날 것에 초점을 맞추지 않았다. 오히려 손대지 아니한 돌이 상징하는 또 하나의 나라가 등장할 것인데, 그 나라가 다른 모든 나라를 쳐서 무너뜨리고 끝내 온 세상을 덮을 것이며 영원히 이어질 것이라는 것이 꿈해석의 초점이었다. 다니엘이 환상 가운데 보았던 이 나라는 무엇이었을까? 마지막에 들어설 영원한 나라, '돌'이 상징하는 이 나라는 하나님나라이다. 그 나라는 예수 그리스도께서 오심으로 시작되며 결국에는 완전한 지배권을 행사할 것이다.

예수께서는 돌에 관해 이렇게 말씀하신 적이 있었다.

이르시되 너희는 나를 누구라 하느냐 시몬 베드로가 대답하여 이르되 주
는 그리스도시요 살아 계신 하나님의 아들이시니이다 예수께서 대답하여
이르시되 바요나 시몬아 네가 복이 있도다 이를 네게 알게 한 이는 혈육
이 아니요 하늘에 계신 내 아버지시니라 또 내가 네게 이르노니 너는 베
드로라 내가 이 반석 위에 내 교회를 세우리니 음부의 권세가 이기지 못
하리라 (마 16:15-18).

예수 자신이 '돌'이셨으며, 그 위에 그의 교회가 세워지게 된다. 바로
그분이 느부갓네살의 꿈에 나타났던 바로 그 돌이었다. 그 돌이 이 땅에
있는 모든 나라를 쳐부수고 가루로 만들어 버렸다. 사람의 손으로 만들
어진 것이 아닌 나라, 그러면서 영원히 존속할 나라, 그 나라가 바로 하
나님나라이다.

다니엘서 7장은 다니엘에게 임한 꿈과 이상을 기록하고 있다. 그 꿈은
하나님나라의 특성과 두려운 범위를 계시한 것이다. 다니엘은 무서운 짐
승 네 마리가 잇달아 바다에서 올라오는 것을 보았다. 첫 번째 짐승은
"사자와 같은데 독수리의 날개"가 있었다. 그 짐승은 날개가 뽑혔고 두
발로 서서 '사람의 마음'을 받았다(단 7:4을 보라). 다음에 나온 생물은

곰과 같았다. 이어서 표범처럼 보이는 짐승이 나왔는데, 그 머리가 넷이요, 그 등에는 새의 날개 넷이 있었다. 네 번째 짐승은 가장 무서운 것이었다. 철로 만든 거대한 이가 있어서 "엄청나게 큰 쇠이빨로 자기가 잡은 먹이를 부숴뜨려 먹었으며", 열 개의 뿔을 갖고 있었다. 다니엘이 보니, 세 뿔이 뿌리째 뽑혔고 더 작은 뿔 하나가 그것들을 대신했는데, "이 작은 뿔에는 사람의 눈 같은 눈들이 있고 또 한 입이 있어 큰 일들을 말하였더라."(단 7:8, KJV).

이 네 마리 짐승들, 특히 네 번째 짐승은 이 세상 모든 나라들에 존재하는 힘과, 사악과 부패함 뒤에 있는 마귀와 사탄의 힘을 상징한다. 비록 이 짐승들이 무서워 보이지만 다니엘의 꿈에 뒤이어 나타나는 장면을 보면 이들이 아무 것도 아닌 존재임을 알게 된다. 이어지는 장면은 사탄이 기어코 멸망당할 것이며 하나님나라가 완전한 승리를 거둘 것이라는 확신을 심어주기 때문이다.

내가 보니 왕좌가 놓이고 옛적부터 항상 계신 이가 좌정하셨는데 그의 옷은 희기가 눈 같고 그의 머리털은 깨끗한 양의 털 같고 그의 보좌는 불꽃이요 그의 바퀴는 타오르는 불이며 불이 강처럼 흘러 그의 앞에서 나오며 그를 섬기는 자는 천천이요 그 앞에서 모여 선 자는 만만이며 심판을 베푸는데 책들이 펴 놓였더라 그 때에 내가 작은 뿔이 말하는 큰 목소리로 말미암아 주목하여 보는 사이에 짐승이 죽임을 당하고 그의 시체가 상한 바 되어 타오르는 불에 던져졌으며 그 남은 짐승들은 그의 권세를 빼앗겼으나 그 생명은 보존되어 정한 시기가 이르기를 기다리게 되었더라 내가 또 밤 환상 중에 보니 인자 같은 이가 하늘 구름을 타고 와서 옛적부터 항상 계신 이에게 나아가 그 앞으로 인도되매 그에게 권세와 영광과 나라를 주고 모든 백성과 나라들과 다른 언어를 말하는 모든 자들이 그를 섬기게 하였으니 그의 권세는 소멸되지 아니하는 영원한 권세요 그의 나라는 멸망하지 아니할 것이니라 (단 7:9-14).

지극히 크신 영광과 엄위 가운데 계신 하늘의 왕을 보라. 얼마나 두려운 광경인가? 다니엘은 자신이 알고 있는 말을 총동원하여 이 믿을 수 없는 장면을 묘사하려고 한다. 9절과 13절에 있는 "옛적부터 항상 계신 이"는 영원하신 아버지 하나님을 일컫는 말이다. 시작도 끝도 없는 분이다. 그가 입으신 하얀 옷은 그분의 정결함과 거룩함을 말하며, 그분의 하얀 머리는 오랜 경륜에서 나온 지혜를 상징한다. 타는 불과 강처럼 흐르는 불 역시 하나님의 엄위와 권세뿐 아니라 정결과 거룩함을 상징하는 것이다.

옛적부터 항상 계신 이가 많은 보좌들 가운데 있는 낭신의 보좌에 앉으셨다. 많은 보좌들은 통치자들을 위한 것이었으며, 이것들은 하나님나라의 시민이자 그 나라의 왕이 될 이들을 위해 마련된 권위의 보좌였다. 다니엘은 많은 왕들을 보았다. 그러나 왕의 왕께서 들어오시자 모든 초점은 그에게 맞추어진다. 수천의 사람들이 왕의 왕을 합당한 모습으로 모신다. 그 때까지 이 땅에서 찾아볼 수 없는 모습이었다. 왕들이 왕을 시중들고, 통치자들이 통치자를 모신다니! 이 땅의 왕들은 그들을 섬기는 종들과 배신陪臣들을 여럿 두고 있다. 그런데 옛적부터 계신 왕의 왕께서는 많은 왕들을 거느리고 계신 것이다.

옛적부터 항상 계신 이가 당신 보좌에 앉으신 후에 신하들이 앉고 책들이 펼쳐진다. 왕께서 서 계시는 동안에는 아무도 자리에 앉지 않는다. 이것은 심판 장면이며, 사람이 아니라 사탄을 심판하는 것이다. 예수께서 오시기 500년 전에 다니엘은 이런 장면을 이상 가운데 목격했다. 사탄은 심판을 받고 그의 권세는 파괴되며 그의 몸은 "타는 불 속에 던져진다." 불이 사탄을 사른다는 것은 사탄이 권능을 잃어버린다는 뜻이다. 다른 짐승들 역시 그 권세를 빼앗기지만 잠깐 동안 그 생명이 보존되도록 허락 받는다.

마지막 파멸과 인자

이것은 우리에게 무엇을 의미할까? 사탄과 다른 어둠의 세력들이 여전히 주위에서 우리를 괴롭힌다 해도 우리를 억누르는 그들의 권능과 권세는 이미 파괴되었다는 것을 말한다. 그들은 이미 심판받았다. 그들의 마지막 파멸은 예수님께서 재림하시면서 만물이 불타 없어질 그 날에 이루어진다. 이 일은 장래의 일이지만, 마치 과거지사처럼 틀림없이 이루어질 것이다. 이 때문에 우리는 일상의 삶에서 패배와 절망과 무기력에 빠질 필요가 없다. 우리는 승리의 삶을 살면서 확신 가운데 행할 수 있다. 우리를 대적하는 자의 권세가 기필코 파멸을 맞게 될 것이기 때문이다. 하나님께서는 그 대적을 제어할 권세를 우리에게 주셨다. 우리도 왕의 왕이신 하나님과 함께 우리를 위해 마련된 보좌에 앉아 사탄을 심판할 것이다.

다시 다니엘의 꿈을 보자. 이 일 직후에 사탄이 파멸을 맞게 될 이유가 분명하게 나타난다. "인자 같은 이가 하늘 구름을 타고" 옛적부터 항상 계신 이에게 나아와 그 앞으로 인도된다. 이것은 이 땅에 오시기 500년 전에, 오실 예수를 직접 가리키는 말씀이다. 예수께서는 이 땅에 계실 때 '인자' 라는 칭호를 즐겨 사용하셨다. 인자인 예수께서는 십자가에 달려 돌아가셨다가 죽은 자 가운데에서 부활하심으로써 사탄을 무찌르고 그의 권능과 권세를 영영히 쳐부수셨다. 이런 승리를 거두신 후에 그분은 승리자로서 하늘에 들어가셨다. 그곳에서 "권세와 영광과 주권자의 권능"을 받으시고, 만방의 백성들로부터 경배를 받으시며 "영원한 권세로" 통치하시게 되었다. 그분의 나라는 영영히 무너지지 아니할 것이다. 이런 장면은 바울이 빌립보서에서 예수님을 묘사한 글과 아주 비슷하다.

사람의 모양으로 나타나사 자기를 낮추시고 죽기까지 복종하셨으니 곧

십자가에 죽으심이라 이러므로 하나님이 그를 지극히 높여 모든 이름 위
에 뛰어난 이름을 주사 하늘에 있는 자들과 땅에 있는 자들과 땅 아래 있
는 자들로 모든 무릎을 예수의 이름에 꿇게 하시고 모든 입으로 예수 그
리스도를 주라 시인하여 하나님 아버지께 영광을 돌리게 하셨느니라 (빌
2:8-11).

성도들이 하나님나라를 얻다

다니엘이 자기가 본 이상에 압도당했다는 것이 충분히 수긍이 간다.
나 역시 그랬을 것이다. 아마 우리 모두는 그랬으리라. 다니엘이 본 이상
은 그를 뒤흔들어 놓았다. 이상 가운데 보였던 형상들의 생생한 권능과
엄위가 생생했고 그들 주위에 있는 신비가 깊은 인상을 주었다.

나 다니엘이 중심에 근심하며 내 머리 속의 환상이 나를 번민하게 한지라
내가 그 곁에 모여 선 자 중 하나에게 나아가서 이 모든 일의 진상을 물으
매 그가 내게 말하여 그 일의 해석을 알려 주며 이르되 그 네 큰 짐승은
세상에 일어날 네 왕이라 지극히 높으신 이의 성도들이 나라를 얻으리니
그 누림이 영원하고 영원하고 영원하리라 (단 7:15-18).

네 짐승은 장차 일어날 네 왕국을 상징하지만 여기서 중요한 것은 18

절이 말씀하는 약속이다. 성도들, 곧 하나님의 자녀들이 그분의 나라를 얻어 영원히 소유할 것이로되, 이 나라는 세상에서 등장할 그 어떤 나라보다 더 길고 무한히 이어질 것이라는 약속이다.

다니엘은 가장 무시무시한 네 번째 짐승이 무엇을 가리키는지, 그 짐승의 머리에 있는 뿔 열 개가 무엇을 말하는지, 눈과 입을 단 뿔 하나가 처음에 있던 세 뿔 대신 나타난 것이 무슨 의미인지 알고 싶어 했다.

내가 본즉 이 뿔이 성도들과 더불어 싸워 그들에게 이겼더니 옛적부터 항상 계신 이가 와서 지극히 높으신 이의 성도들을 위하여 원한을 풀어 주셨고 때가 이르매 성도들이 나라를 얻었더라 모신 자가 이처럼 이르되 넷째 짐승은 곧 땅의 넷째 나라인데 이는 다른 나라들과는 달라서 온 천하를 삼키고 밟아 부서뜨릴 것이며 그 열 뿔은 그 나라에서 일어날 열 왕이요 그 후에 또 하나가 일어나리니 그는 먼저 있던 자들과 다르고 또 세 왕을 복종시킬 것이며 그가 장차 지극히 높으신 이를 말로 대적하며 또 지극히 높으신 이의 성도를 괴롭게 할 것이며 그가 또 때와 법을 고치고자 할 것이며 성도들은 그의 손에 붙인 바 되어 한 때와 두 때와 반 때를 지내리라 그러나 심판이 시작되면 그는 권세를 빼앗기고 완전히 멸망할 것이요 나라와 권세와 온 천하 나라들의 위세가 지극히 높으신 이의 거룩한 백성에게 붙인 바 되리니 그의 나라는 영원한 나라이라 모든 권세 있는 자들이 다 그를 섬기며 복종하리라 그 말이 이에 그친지라 나 다니엘은 중심에 번민하였으며 내 얼굴빛이 변하였으나 내가 이 일을 마음에 간직하였느니라 (단 7:21-28).

다니엘서 7장 27절은 하나님의 자녀들이 하나님나라에 들어갈 때 얻게 될 세 가지를 '주권' '권세' '위세'로 말씀하고 있다.

'주권'은 절대 권위를 말한다. 진정한 군주제 국가에서는 왕이 곧 주권자이다. 그의 말이 법이기 때문이다. 하나님은 유일하고 참되신 주권자이시다. 다른 모든 주권은 위임받은 주권이다. 우리의 주권은 위임받은 주권일 뿐이지만, 주권이 미치는 범주 안에서는 우리도 절대 권위를 갖는다. 대적자가 우리 삶을 황폐하게 하더라도 그저 무기력하게 주저앉아 있을 필요가 없다. 우리는 굳게 서서 그를 대적할 수 있다. 예수님의 이름으로 그런 상황을 제어할 수 있다. 그것이 곧 하나님나라의 시민으로서 우리에게 주어진 견고한 권리이다.

예수께서 우리에게 하나님나라를 회복시켜 주실 때는 하나님나라와 더불어 그 '권세'도 함께 주셨다. 대적자를 무찌르고 승리의 삶을 살면서 기쁨을 누릴 권세, 우리의 잠재력을 발휘할 수 있는 권세이다.

주님은 또한 진정한 '위대함'으로 가는 열쇠는 겸손과 섬김이라고 하셨다. 다니엘의 환상 속에서 왕들이 진정한 왕 하나님을 섬겼던 장면을 생각해 보라. 더욱이 예수께서도 친히 수건을 동이시고 제자들의 발을 씻어 주심으로써 모범을 보이셨다. 우리가 지음 받은 목적은 서로 지배

하거나 지배당하는 것이 아니라, 아버지 나라의 왕이요 제사장으로서 동
등하게 서로를 섬기라는 것이었다. 하나님나라에서 우리가 갖는 위치와
역할을 올바로 이해하게 될 때에 우리는 비로소 위대함의 의미를 제대로
이해하게 될 것이다.

1. 하나님의 홀은 바로 정의이다. 이것은 그분의 통치를 상징한다.

2. 우리는 승리 안에 거하며 확신 중에 행할 수 있다. 우리를 대적하는 자의 권세가 깨어졌음을 알기 때문이다.

3. 예수께서 십자가에 달리시고 죽은 자 가운데에서 부활하신 것은 단지 우리를 하늘로 데려가고자 하심이 아니다. 도리어 우리가 상실했던 나라의 소유권을 되찾아 주시는 것이 그 목적이었다.

4. 하나님의 자녀인 우리는 하나님나라에 들어갈 때 세 가지를 얻게 된다. 주권, 권세, 위세(위대함)가 그것이다.

5. 우리의 주권은 위임받은 것일 뿐이지만 주권이 미치는 범주 안에서는 우리도 절대 권위를 갖는다.

6. 우리가 하나님나라의 백성으로 회복되면 우리는 위세도 되찾게 된다. 회복은 본디 우리가 다스려야만 했던 그곳으로 돌아가는 것이기 때문이다.

먼저 하나님나라를 구하라

언젠가 신시내티 공항에서 비행기를 기다리고 있을 때였다. 가게에서 물 한 병을 샀는데 계산대 뒤에 있는 여자가 나를 알아보았다. "텔레비전에 나온 분이죠?" 그녀가 물었다.

"예, 그렇습니다."

"잠깐만 기다려 주세요"라고 말하더니, 앞에 온 손님 둘에게 먼저 물건을 팔았다.

내 순서가 되자 그녀는 "뭐가 필요하세요?"라고 물었다.

"물 한 병만 있으면 됩니다."

"또 필요한 것은 없으신가요?"

내가 없다고 하자, 그 여자는 내게 "제가 점심 한 끼 사드려도 될까요?"라고 했다.

나는 샌드위치 하나와 주스 한 병을 주문했다. 주문받은 것을 가져다주면서 여인이 말문을 열었다. "저는 죽을 지경입니다. 자살하기 일보 직전이에요. 오늘 아침에 일어나서 하나님께 이렇게 이야기했습니다. '오늘 제게 한 마디만 해주세요. 안 그러면 오늘 밤에 죽어버릴 거예요.'" 여인은 자신이 헤로인 중독자이며 끊으려 애쓰는 중이라고 했다. 여인의 몰골은 말이 아니었다. 뼈만 앙상한 데다가 눈은 푹 들어가 있었다. "몸이 많이 아파요. 약 먹는 것도 질렸고요. 이게 벌써 열아홉 번째 직장이에요. 하나님께 오늘 한 마디만 해달라고 기도했는데, 제 기도를 들어주셨나 보네요."

나는 줄곧 여인이 하는 말을 경청하려고 했지만, 머릿속에서는 비행기 시각에 맞춰야 한다는 생각만 맴돌고 있었다. 그 때 예수께서 하셨던 말씀이 마음에 울려 퍼졌다. "아버지께서 이제까지 일하시니 나도 일한다"(요 5:17). 나는 이 곤고한 여인을 위해 시간을 할애해야 한다는 것을 깨달았다. 나는 비행기 시각일랑 잊어버리고, 그 가게에서 여인의 이야기를 다 들어주었다. 우리는 계산대를 사이에 두고 손을 잡은 채 함께 기도했다. 그런 다음 그리스도의 말씀을 함께 나누었다.

그 때 정말 이상한 일이 일어났다. 신시내티 공항은 늘 승객으로 분주한 공항이었는데, 우리가 말씀을 나누는 동안, 가게에 손님이 한 명도 들어오지 않았던 것이다.

나보다 먼저 이 사실을 눈치 챈 여인은 이렇게 말했다. "손님이 아무도 안 오네요. 이럴 리가 없는데. 제 생명을 구해주라고 하나님께서 당신을 보내셨기 때문인가 봐요."

그녀의 말을 듣고 보니 정말 감탄할 일이었다. 때와 장소와 상황에 관계없이 하나님은 늘 일하신다. 우리가 다른 사람을 섬길 수 있는 상황에 놓인다면 그것은 하나님의 섭리이다. 아버지 하나님은 지금도 일하신다. 그런즉 그분의 자녀인 우리도 마땅히 일해야 한다. 그것이 하나님나라의 모습이다.

우리가 모르는 것이 우리를 죽인다

사탄이 지배하는 어둠 가운데 살아가는 한, 우리는 불법을 일삼는 폭군의 노예가 된 자신의 모습을 결코 알지 못한다. 우리만이 이 땅의 정당한 통치자이며, 마귀는 이미 궤멸당할 운명의 대적자임을 모를 것이다. 우리에게 권세가 있음을 깨닫지 못하기에 우리는 사탄이 우리 삶을 지배하고 몸을 질병으로 파괴하며 가난뱅이가 되게 하고 결혼 생활이 무너지게 만들며 아이들을 마약과 알코올에 빠져 헤매게 하면서 끝내 황폐한 지경에 빠뜨리는 것이다.

오늘날 우리에게 가장 큰 적은 사탄도 아니요 죄도 아니다. 예수께서 이미 둘 다 십자가에서 무찌르셨기 때문이다. 능력이 부족한 것도 아니다. 우리의 가장 큰 적은 무지이다. 우리가 모르는 것이 우리를 죽인다. 우리에게서 풍성한 삶을 빼앗아 간다.

이러한 무지의 해독제는 지식이다. 그래서 하나님이 우리에게 당신의 말씀을 보내신 것이다. 그분의 살아 있는 말씀이 독생자라는 인격체로 이 땅에 오셨다. 그리스도는 하나님과 하나님나라에 대한 무지를 제거하고 우리가 받을 유업과 아버지의 자녀라는 신분을 우리에게 가르쳐 주시려고 이 땅에 오셨다.

예수님은 세상의 빛이시다. 그리고 빛은 지식을 의미한다. 그분은 우리가 진정 누구인지 보여 주시고 대적자가 주장하는 그릇된 나라를 폭로하기 위해 이 땅에 오셨다. 달리 말하면 예수님은 우리가 어떤 존재인지 알려 주려고 오신 것이다. 우리를 부르사 하나님께서 늘 아셨던 백성이 되게 하려고 오셨다.

다니엘서 7장 18절은 "지극히 높으신 이의 성도들이 나라를 얻으리니 그 누림이 영원하고 영원하고 영원하리라"고 말씀한다. 많은 신자들은 여기 나온 '성도(성자)'saint라는 말 때문에 혼란을 겪는다. 어떤 사람들은 성도가 굉장히 영적인 신자들을 가리키는 말이라고 배웠다. 다른 누구보다 더 수준 높은 삶을 살아서 죽은 뒤에 이처럼 존귀한 칭호를 상으로 받았다는 것이다. 그러나 사실은 모든 신자가 성도(성자)다. 성경이 성도라는 말을 사용할 때에는 "하나님의 모든 자녀들, 그리스도를 구주

로 믿고 의지함으로 하나님나라에 들어간 모든 사람들”을 가리키는 것
이다. 만일 당신이 신자라면, 당신도 성도(성자)이며 하나님나라의 유업
을 이을 자이다.

‘saint’(성도, 성자)는 ‘sanctified’(거룩하게 구별된)라는 말과 같은
뿌리에서 나왔다. ‘거룩하게 구별되었다’는 말은 “특별한 목적에 의해
따로 구분된” 또는 “특별한 목적을 위해 예비해 두었다”는 뜻이 있다. 당
신이 결혼할 때 귀한 도자기 그릇들을 마련했다고 하자. 그것을 일상생
활에 부담없이 사용하려고 마련하지는 않았을 것이다. 보통 그 그릇들은
아주 특별한 경우에 쓰려고 준비한다. 이를테면 중요한 휴가 때에 온 가
족이 모이는 경우나 특별한 손님이 오시는 경우에 그런 그릇을 사용할
것이다. 이렇게 본다면 도자기 그릇은 그런 경우에만 사용하려고 ‘구별
해 놓은’ 것이라 할 수 있다.

성도들도 마찬가지다. 우리도 하나님께서 특별한 목적에 쓰시려고 거
룩하게 구별해 놓으신 존재이다. 교회를 그리스어로 ‘에클레시아’
ecclesia라고 하는데, 이것 역시 “부르심을 받은 사람들”이란 뜻을 갖고
있다. 우리는 장차 하나님나라를 받을 자들이다. 그리고 우리의 권세와
다스림의 권능이 회복되는 것을 볼 것이다.

그렇지만 하나님나라는 우리만을 위해 예비된 나라가 아니며, 여전히
그 나라 밖에 있으면서 그 안으로 들어와야 할 다른 많은 이들이 있다.
그 때문에 예수께서는 그 나라 밖에 있는 이들을 그 안으로 데려오도록

우리를 그 나라의 대사들로 세우신 것이다.

우리 삶을 바꿀 능력

우리는 성도로서 지금 당장 승리의 삶을 살아가면서 우리에게 부여된 다스림의 권세를 행사할 능력을 갖고 있다. 죽을 때까지 기다릴 필요가 없다. 예수께서 다시 오실 때까지 기다리지 않아도 된다. 우리는 현재의 상황을 감당할 수 있다. 우리에게는 하나님나라의 권세가 있기 때문이다. 하나님께서는 우리가 그것을 사용하기를 바라신다. 우리 안에 심어 주신 잠재력을 활용하기를 바라신다. 그분은 믿음으로 당신이 우리에게 베풀어 주신 모든 것을 선용하기를 기다리신다. 선택은 우리에게 달려 있다. 문제는 하나님나라에 맞는 사고방식을 기르는 일이다. 우리가 왕처럼 생각하고 말하며 행동하는가가 관건이다.

불행하게도 이런 마음은 우리에게 자연스럽지 않다. 대부분의 신자들은 이런 변화에 어려움을 느낀다. 때문에 많은 사람들은 일상에서 벌어지는 삶의 투쟁을 절망과 체념의 눈으로 바라볼 뿐이다. 삶은 나아질 턱이 없으니 그저 열심히 살자는 것이 그들 생각이다. 그들은 결제일이 다가오는 청구서와 텅 빈 지갑을 바라보며 전전긍긍하며 살아간다. 이것이 과연 왕이 해야 할 생각일까? 세상의 어떤 왕이 청구서 대금을 갚을 일을 투덜대며 걱정할까?

하나님나라에 속한 사람의 마음 상태라면 이렇게 말할 것이다. "자, 무슨 문제든지 한 번 부딪혀 봅시다. 예수님께서 앞서 가십니다." 그들은 사실 전쟁에 투입된 전사의 마음을 지니고 있다.

왕다움을 보여 주려면 백성과 나라를 보호하고 합당한 권세를 행사하며 적에게 정복당한 영토를 되찾아야 한다. 때로는 적진까지 뚫고 들어가 전투를 치러야 한다. 적은 늘 어딘가에 숨어서 우리 삶을 갈라놓고 정복하며 파괴할 기회만을 찾고 있다. 노예근성을 가진 자는 그저 적이 요구하는 대로 따라한다. 선택의 여지가 없다고 생각하면서 지레 자포자기하는 것이다.

그러나 하나님나라에 속한 사람은 대적과 정면 대결한다. "너(마귀)는 이제 더 이상 내 것을 앗아갈 수 없어! 나는 왕이다. 하나님의 자녀란 말이다. 이 땅은 우리 아버지가 내게 주셨단 말이다! 덤벼!" 우리는 자신의 소유가 무엇인지 알았다. 그것을 지키려면 기꺼이 싸워야만 한다. 우리는 마귀와 맞설 준비가 되었다. 예수의 이름으로 권세를 받아 우리에게 속한 권리를 당당하게 되찾을 준비가 된 것이다.

왕이요 제사장인 사람들

하나님께서는 이 땅에 왕이요 제사장인 사람들의 나라를 세우고자 열망하신다. 두 직무가 분리된 것이 아니라 한 인격체 안에서 결합되는 것이 하나님의 뜻이었다. 그러나 아담 이후에 그런 결합이 이루어진 것은 예수 그리스도가 처음이었다. 왕은 왕권의 집행자요, 한 영역을 통치하며 관할한다. 반면 제사장은 하나님과 그분의 백성 사이에서 영적 대표자 노릇을 한다. 그는 나라 전체의 영적인 안녕을 책임지는 사람이다. 아담은 이미 왕이요 제사장이었다. 타락 이전의 아담은 이 땅을 다스릴 권세를 가진 왕이었을 뿐만 아니라 언제라도 하나님과 직접 교제할 수 있었던 제사장이었다.

하나님의 계획은 원래 동일한 사람이 왕과 제사장이 되는 것이었다. 이 땅에 있는 모든 민족, 모든 사람에게 이스라엘을 통해 복을 베푸시는 것이 하나님의 뜻이었다. 이것은 이미 여러 세기 전에 하나님께서 아브라함에게 약속하셨던 것이다. 그 때문에 하나님께서는 이스라엘 민족을 '제사장 나라'로 부르셨다.

> 너희가 내 말을 잘 듣고 내 언약을 지키면 너희는 모든 민족 중에서 내 소유가 되겠고 너희가 내게 대하여 제사장 나라가 되며 거룩한 백성이 되리라 (출 19:5-6).

이스라엘은 온 세계 앞에서 하나님을 대표할 자들이었다. 이스라엘 민족은 이 사명을 이루지 못했으나, 하나님은 처음에 품으셨던 계획을 포기하지 않으셨다. 때가 차매 예수께서 오셨다. 육으로는 이스라엘 자손에게, 영으로는 하나님께서 열방에게 약속하셨던 그 복이 바로 그분이었다.

하나님께서는 늘 왕관을 쓴 제사장을 소망하셨다. 민주제, 공화제, 군주제, 독재 정치 등 인간이 만들어낸 모든 정부 형태는 왕과 제사장을 분리해 놓았다. 타락한 세상에서는 어쩌면 그것이 현명하고 필요한 것인지도 모르겠다. 인간에게 죄의 본성이 남아 있는 이상, 종교와 결합한 국가 권력은 엄청난 폭군이 될 공산이 크기 때문이다. 그러나 이러한 분리는 하나님이 원래 뜻하신 바가 아니었다. 그 때문에 하나님은 이 두 직무를 한 사람 안에서 통합하는 것을 목적으로 삼으셨다. 그리고 예수께서 이 땅에 오시면서 이 목적이 이루어졌다.

예수께서는 예나 지금이나 왕이시다. 빌라도가 예수께 "네가 유대인의 왕이냐?"(요 18:33)라고 물었을 때 예수께서는 "내 나라는 이 세상에 속한 것이 아니니라 … 네 말과 같이 내가 왕이니라"(요 18:36-37)라고 대답하셨다.

그리고 왕과 동시에 제사장이시다. 히브리서는 예수님을 일컬어 큰 대제사장이라고 말씀하신다. 그분은 우리를 위해 아버지 앞에서 중보하시는 분이다.

그러므로 우리에게 큰 대제사장이 계시니 승천하신 이 곧 하나님의 아들 예수시라 우리가 믿는 도리를 굳게 잡을지어다 우리에게 있는 대제사장은 우리의 연약함을 동정하지 못하실 이가 아니요 모든 일에 우리와 똑같이 시험을 받으신 이로되 죄는 없으시니라 그러므로 우리는 긍휼하심을 받고 때를 따라 돕는 은혜를 얻기 위하여 은혜의 보좌 앞에 담대히 나아갈 것이니라 (히 4:14-16).

예수님이야말로 하나님께서 모든 자녀에게 바라시는 모습의 표본이요 원형이다. 하나님은 우리가 예수님처럼 되기를 원하신다. 우리 각자가 이 세상의 왕이요 제사장이 되기를 바라신다. 이 땅에서 하나님의 천국 정부를 신실하게 대표하며 하나님의 권세를 집행할 왕이 되기를 바라신다. 하나님 또는 하나님나라를 알지도 못한 채 어둠 속에서 헤매고 있는 세상 사람들에게는 당신의 사랑과 은혜와 자비를 대변할 제사장이 되기를 바라신다. 이것이 바로 우리 각 사람을 부르신 목적이다. 베드로전서에는 이 사실을 자세히 기록한 구절이 있다. 누구나 한두 번 들어보았을 것이고, 이 구절을 읽고 묵상하면서 적잖이 감동도 받았을 것이다.

그러나 너희는 택하신 족속이요 왕 같은 제사장들이요 거룩한 나라요 그의 소유가 된 백성이니 이는 너희를 어두운 데서 불러내어 그의 기이한 빛에 들어가게 하신 이의 아름다운 덕을 선포하게 하려 하심이라 너희가 전에는 백성이 아니더니 이제는 하나님의 백성이요 전에는 긍휼을 얻지 못하였더니 이제는 긍휼을 얻은 자니라 (벧전 2:9-10).

어두운 세상에 파견된 하나님의 대리인

교회는 예수 그리스도로 말미암아 "부르심 받은 자들"이다. 우리는 "택하신 족속이요, 왕 같은 제사장이요, 거룩한 나라"이다. 우리는 하나님께서 당신의 아름다운 덕을 어두운 세상에 선포하게 하시려고 부르셨다는 뜻이다. 왕 같은 제사장이란 말은 우리 각 사람이 왕이면서 동시에 제사장임을 표현한 것이다. 우리 하나님은 여전히 어둠의 덫에 걸려 있는 자들을 하나님나라의 '기이한 빛'으로 인도하도록 우리 각 사람을 불러 대사의 직분을 맡기셨다. 사도 바울은 이 특별한 부르심을 이렇게 말한다.

> 그런즉 누구든지 그리스도 안에 있으면 새로운 피조물이라 이전 것은 지나갔으니 보라 새 것이 되었도다 모든 것이 하나님께로서 났으며 그가 그리스도로 말미암아 우리를 자기와 화목하게 하시고 또 우리에게 화목하게 하는 직분을 주셨으니 곧 하나님께서 그리스도 안에 계시사 세상을 자기와 화목하게 하시며 그들의 죄를 그들에게 돌리지 아니하시고 화목하게 하는 말씀을 우리에게 부탁하셨느니라 그러므로 우리가 그리스도를 대신하여 사신이 되어 하나님이 우리를 통하여 너희를 권면하시는 것 같이 그리스도를 대신하여 간청하노니 너희는 하나님과 화목하라 하나님이 죄를 알지도 못하신 이를 우리를 대신하여 죄로 삼으신 것은 우리로 하여금 그 안에서 하나님의 의가 되게 하려 하심이라 (고후 5:17-21).

우리는 그리스도를 따르는 자요, 하나님의 자녀이자 하나님나라의 시민이다. 하나님나라를 선포하는 것이 우리의 가장 큰 사명이다. 예수께서는 하나님나라를 선포하는 일에 자신의 생애를 바치셨다. 그분에게도 그것이 가장 큰 사명이었던 것이다. 예수께서는 이 땅에 오셔서 옛적부터 아버지가 갖고 계셨던 계획의 처음 부분을 완수하셨다. 이 땅에 하나님나라를 회복시키신 것이다. 덕분에 우리는 지금 당장이라도 우리의 권리와 권세를 행사할 수 있게 되었다. 날마다 삶 속에서 하나님나라의 승리를 체험할 수 있게 되었다. 뿐만 아니라 하나님은 우리를 부르사 세상과 당신을 화목케 하는 일에 동역자가 되게 하셨다. 이것이 그분의 초점이었으며 우리에게도 마땅히 초점이 되어야 한다.

예수께서 오늘날 우리에게 주신 사명은 2천 년 전에 당신의 제자들에게 주셨던 사명과 같다. "가서 하늘나라가 가까이 왔다고 그들에게 선포하라"(마 10:7, 현대어성경). 우리는 하나님의 백성이다. 왕 같은 제사장이다. 거룩한 나라다. 하나님과 열방을 화목케 할 직분을 받은 대사들이다. 하나님께서 우리에게 주신 사명을 마음에 새기자. 하나님나라를 열방 가운데 선포하자!

[한눈에 보는 8장]

1. 하나님께서는 독생자 예수 그리스도를 보내셨다. 예수님은 둘째 아담
   으로서, 첫째 아담으로 인해 인류에게 오게 된 저주를 푸셨다.

2. 우리도 그분과 같은 사람이기 때문에 그리스도 안에 있으면 이 땅에
   서 그분의 권세를 행사하게 된다.

3. 당신이 신자라면 성도이기도 하다. 당신은 하나님나라를 유업으로 받
   을 자다.

4. 왕다움을 보여 주기 위해서는 백성과 나라를 보호하고 합당한 권세를
   행사하며 적에게 정복당한 영토를 되찾아야 한다.

5. 하나님의 목적은 왕의 직무와 제사장의 직무를 한 사람 안에서 다시
   결합하는 것이었다.

6. 우리는 가장 먼저 하나님나라를 구해야 한다. 예수께서는 우리에게
   하나님나라만을 전하라는 사명을 주셨다.

천국을 전격 해부한다

성경은 왕과 왕이 다스리시는 나라, 왕가의 자녀들에 대해 말씀하고 있다. 지구 위에 있는 65억 명은 각자가 하나님나라를 찾는 중이다. 그들이 궁극적으로 지향하는 나라가 그곳이다. 하나님나라는 진주이며, 세상 모든 보물은 그 앞에서 전부 그 가치가 바랜다. 하나님나라는 생명 그 자체이기에, 그 나라(왕국)의 개념을 이해하는 것은 매우 중요하다.

진정한 왕국은 모두 비슷한 특징을 짖고 있다. 왕국의 개념 요소들과 원리들을 아래에 설명했다. 왕이신 예수 그리스도께서 몸소 가르치셨던 하나님나라에 이것들을 적용해 보자.

1. 왕국의 왕

왕은 왕국의 중심이다. 왕국에서는 왕이 최종적인 권세다. 이 권세를
통해 왕국이 세워진다.

- 왕은 투표를 통해 되지 않으며, 투표로 권좌에서 축출될 수 없다.
- 왕의 권세는 출생으로 말미암아 주어진다.
- 왕이 다스리는 영토 안에서는 왕의 말이 곧 법이다.
- 왕이 곧 왕국 정부의 핵심 본체이다.
- 왕이 현존한다는 것은 그가 다스리는 왕국의 모든 권세가 현존한다
  는 것이다.
- 왕의 집은 그의 본질을 표현한다.
- 왕의 이름은 그의 권세를 드러낸다.

지존하신 여호와는 두려우시고 온 땅에 큰 왕이 되심이로다 (시 47:2).

시온 딸에게 이르기를 네 왕이 네게 임하나니 그는 겸손하여 나귀, 곧 멍
에 메는 짐승의 새끼를 탔도다 하라 (마 21:5).

빌라도가 이르되 그러면 네가 왕이 아니냐 예수께서 대답하시되 네 말과
같이 내가 왕이니라 내가 이를 위하여 태어났으며 이를 위하여 세상에 왔

나니 곧 진리에 대하여 증언하려 함이로라 (요 18:37).

영원하신 왕 곧 썩지 아니하고 보이지 아니하고 홀로 하나이신 하나님께 존귀와 영광이 영원무궁하도록 있을 지어다 아멘 (딤전 1:17).

그들이 어린 양과 더불어 싸우려니와 어린 양은 만주의 주시오 만왕의 왕이시므로 그들을 이기실 터이요 또 그와 함께 있는 자들 곧 부르심을 받고 택하심을 받은 진실한 자들도 이기리로다 (계 17:14).

2. 왕국의 주인

모름지기 진정한 왕은 자기 영토와 그 영토 안에 있는 재산을 적법하게 소유한다. 왕은 자기 영역 안에 있는 모든 것을 다스린다. 왕은 자기 재산에 대해 절대 권세를 행사하고 절대 지배권을 갖는다. 또한 원하는 자에게 자기 재산을 줄 수 있다.

땅과 거기에 충만한 것과 세계와 그 가운데에 사는 자들은 다 여호와의 것이로다 여호와께서 그 터를 바다 위에 세우심이여 강들 위에 건설하셨도다 (시 24:1-2).

네가 만일 네 입으로 예수를 주로 시인하며 또 하나님께서 그를 죽은 자
가운데서 살리신 것을 네 마음에 믿으면 구원을 받으리라 (롬 10:9).

모든 입으로 예수 그리스도를 주라 시인하여 하나님 아버지께 영광을 돌
리게 하셨느니라 (빌 2:11).

3. 왕국의 영역

왕이 영향력을 미치는 영역을 일컬어 '왕국'이라고 부른다. 왕은 자신
의 권세를 타인에게 위임하여 자기의 영역을 다스리게 할 수 있다.

그 권세는 영원한 권세요 그 나라는 대대에 이르리로다 땅의 모든 사람들
을 없는 것 같이 여기시며 하늘의 군대에게든지 땅의 사람에게든지 그는
자기 뜻대로 행하시나니 그의 손을 금하든지 혹시 이르기를 네가 무엇을
하느냐고 할 자가 아무도 없도다 (단 4:34-35).

4. 왕국의 헌법

왕국의 헌법은 왕이 시민과 왕국을 향해 품은 뜻, 의도, 바라는 것들,
목적들을 문서로 기록해 놓은 것이다.

그 무리들이 또 모여 왕에게로 나아와서 왕께 말하되 왕이여 메대와 바사의 규례를 아시거니와 왕께서 세우신 금령과 법도는 고치지 못할 것이니이다 (단 6:15).

여호와여 주의 말씀은 영원히 하늘에 굳게 섰사오며 주의 성실하심은 대대에 이르나이다 주께서 땅을 세우셨으므로 땅이 항상 있사오니 천지가 주의 규례들대로 오늘까지 있음은 만물이 주의 종이 된 까닭이니이다 (시 119:89-91).

진실로 너희에게 이르노니 천지가 없어지기 전에는 율법의 일점 일획도 결코 없어지지 아니하고 다 이루리라 (마 5:18).

5. 왕국의 법

왕국의 법은 왕의 말을 선포한 것이요 왕이 반포한 조령詔令이다. 이 법은 왕국 통치의 표준이요 규칙이다.

우리가 그 명령하신 대로 이 모든 명령을 우리 하나님 여호와 앞에서 삼가 지키면 그것이 곧 우리의 공의로움이니라 할지니라 (신 6:25).

여호와의 율법은 완전하여 영혼을 소성시키며 여호와의 증거는 확실하여 우둔한 자를 지혜롭게 하며 여호와의 교훈은 정직하여 마음을 기쁘게 하고 여호와의 계명은 순결하여 눈을 밝게 하시도다 (시 19:7-8).

주의 입의 법이 내게는 천천 금은보다 좋으니이다 (시 119:72).

왕의 말은 권능이 있나니 누가 그에게 이르기를 왕께서 무엇을 하시나이까 할 수 있으랴 명령을 지키는 자는 불행을 알지 못하리라 지혜자의 마음은 때와 판단을 분변하나니 (전 8:4-5).

예수께서 대답하여 이르시되 기록되었으되 사람이 떡으로만 살 것이 아니요 하나님의 입으로부터 나오는 모든 말씀으로 살 것이라 하였느니라 (마 4:4).

6. 왕국의 시민권

왕국에서 시민권은 단순히 권리가 아닌 하나의 특권이다. 시민권을 줄 것인가 말 것인가는 왕의 마음에 달려 있기 때문이다. 시민이 될 자는 왕이 결정한다. 시민권은 왕이 베푸는 혜택이다.

그러나 우리의 시민권은 하늘에 있는지라 거기로부터 구원하는 자 곧 주 예수 그리스도를 기다리노니 그는 만물을 자기에게 복종하게 하실 수 있는 자의 역사로 우리의 낮은 몸을 자기 영광의 몸의 형체와 같이 변하게 하시리라 (빌 3:20-21).

예수께서 대답하시되 내 나라는 이 세상에 속한 것이 아니니라 만일 내 나라가 이 세상에 속한 것이었더라면 내 종들이 싸워 나로 유대인들에게 넘겨지지 않게 하였으리라 이제 내 나라는 여기에 속한 것이 아니니라 (요 18:36).

예수께서 이르시되 너희는 아래에서 났고 나는 위에서 났으며 너희는 이 세상에 속하였고 나는 이 세상에 속하지 아니하였느니라 (요 8:23).

내가 세상에 속하지 아니함 같이 그들도 세상에 속하지 아니하였사옵나이다 (요 17:16).

7. 왕이 베푸는 특권

왕국에서 왕이 베푸는 특권은 그 시민들에게 왕이 베푼 혜택이다. 이는 왕과 더불어 평안히 거할 것을 보장하는 것이다.

너희는 먼저 그의 나라와 그의 의를 구하라 그리하면 이 모든 것을 너희에게 더하시리라 그러므로 내일 일을 위하여 염려하지 말라(마 6:33-34).

나의 하나님이 그리스도 예수 안에서 영광 가운데 그 풍성한 대로 너희 모든 쓸 것을 채우시리라(빌 4:19).

내가 어려서부터 늙기까지 의인이 버림을 당하거나 그의 자손이 걸식함을 보지 못하였도다 그는 종일토록 은혜를 베풀고 꾸어 주니 그의 자손이 복을 받는도다 (시 37:25-26).

8. 왕국의 윤리 규범

이것은 왕이 그 시민에게 따를 것을 요구하는 가치와 도덕의 표준이다. 윤리 규범은 왕국 문화의 기초가 되며, 그 시민의 생활양식을 보여준다.

불의한 자가 하나님의 나라를 유업으로 받지 못할 줄을 알지 못하느냐 미혹을 받지 말라 음행하는 자나 우상 숭배하는 자나 간음하는 자나 탐색하는 자나 남색하는 자나 도적이나 탐욕을 부리는 자나 술취하는 자나 모욕하는 자나 속여 빼앗는 자들은 하나님의 나라를 유업으로 받지 못하리라 너희 중에 이와 같은 자들이 있더니 주 예수 그리스도의 이름과 우리

하나님의 성령 안에서 씻음과 거룩함과 의롭다 하심을 받았느니라 (고전 6:9-11).

9. 모든 시민이 균등하게 부를 누림

이는 모든 시민이 왕국의 부와 재산을 균등하게 사용할 수 있도록 왕이 보살핀다는 말이다. 이것은 왕에게 중요하다. 그 왕국의 시민이 누리는 삶의 질이 왕의 영광과 명성을 반영하기 때문이다. 왕국은 시민이 필요로 하는 모든 것을 제공한다.

그러므로 염려하여 이르기를 무엇을 먹을까 무엇을 마실까 무엇을 입을까 하지 말라 그러므로 염려하여 이르기를 무엇을 먹을까 무엇을 마실까 무엇을 입을까 하지 말라 너희는 먼저 그의 나라와 그의 의를 구하라 그리하면 이 모든 것을 너희에게 더하시리라 (마 6:31-33).

여호와 하나님은 해요 방패이시라 여호와께서 은혜와 영화를 주시며 정직하게 행하는 자에게 좋은 것을 아끼지 아니하실 것임이니이다 (시 84:11).

10. 왕국의 문화

이것은 왕국 시민의 생활양식이다. 이 문화는 시민들의 언어, 옷, 식생활, 가치, 도덕 그리고 자존감과 자기 인식에서 나타난다.

내가 비옵는 것은 그들을 세상에서 데려가시기를 위함이 아니요 오직 악에 빠지지 않게 보전하시기를 위함이니이다 내가 세상에 속하지 아니함 같이 그들도 세상에 속하지 아니하였사옵나이다 그들을 진리로 거룩하게 하옵소서 아버지의 말씀은 진리니이다 아버지께서 나를 세상에 보내신 것 같이 나도 그들을 세상에 보내었고 또 그들을 위하여 내가 나를 거룩하게 하오니 이는 그들도 진리로 거룩함을 얻게 하려 함이니이다 (요 17:15-19).

11. 왕국의 경제

시민들은 왕국의 노동 윤리와 문화에 기여함으로써 왕국의 번영에 대한 혜택을 맛볼 수 있다. 왕국 경제에는 조세 체계, 투자 기회, 시민의 창조성을 북돋울 프로그램이 포함되어 있다.

주라 그리하면 너희에게 줄 것이니 곧 후히 되어 누르고 흔들어 넘치도록 하여 너희에게 안겨 주리라 너희의 헤아리는 그 헤아림으로 너희도 헤아림을 도로 받을 것이니라 (눅 6:38).

예수께서 이 말을 들으시고 이르시되 네게 아직도 한 가지 부족한 것이 있
으니 네게 있는 것을 다 팔아 가난한 자들에게 나눠 주라 그리하면 하늘에
서 네게 보화가 있으리라 그리고 와서 나를 따르라 하시니 (눅 18:22).

12. 왕국의 조세

모든 왕국은 조세 체계를 갖추고 있다. 조세 체제로 말미암아 시민들
은 왕국의 부를 균등하게 누릴 수 있으며, 왕국의 자원 가운데 정해진 부
분을 왕에게 돌려주게 된다. 왕국 안에 있는 모든 것은 왕의 소유이며,
시민이 내야 할 세금도 왕의 소유이다. 따라서 조세는 왕국의 자원이 백
성의 손을 거쳐 다시 왕에게 돌아오도록 만든 것일 뿐이다.

그러면 당신의 생각에는 어떠한지 우리에게 이르소서 가이사에게 세금을
바치는 것이 옳으니이까 옳지 아니하니이까 하니 … 이에 이르시되 그런
즉 가이사의 것은 가이사에게, 하나님의 것은 하나님께 바치라 하시니
(마 22:17, 21).

사람이 어찌 하나님의 것을 도둑질하겠느냐 그러나 너희는 나의 것을 도

둑질하고도 말하기를 우리가 어떻게 주의 것을 도둑질하였나이까 하는도
다 이는 곧 십일조와 봉헌물이라 너희 곧 온 나라가 나의 것을 도둑질하
였으므로 너희가 저주를 받았느니라 만군의 여호와가 이르노라 너희의
온전한 십일조를 창고에 들여 나의 집에 양식이 있게 하고 그것으로 나를
시험하여 내가 하늘 문을 열고 너희에게 복을 쌓을 곳이 없도록 붓지 아
니하나 보라 (말 3:8-10).

13. 왕국의 군대

모든 왕국은 그 영토와 시민을 지키고자 군대라는 안전 보장 조직을
갖추고 있다.

그가 너를 위하여 그의 천사들을 명령하사 네 모든 길에서 너를 지키게
하심이라 그들이 그들의 손으로 너를 붙들어 발이 돌에 부딪히지 아니하
게 하리로다 (시 91:11-12).

14. 왕국 권세의 위임

모든 왕국은 어떤 시민을 지정하여 사신 내지 대사로 일하도록 책임
을 맡긴다. 대사는 자신을 파견한 왕의 권세와 왕국을 대표한다. 대사는

그 나라에 속한 사람이며, 그 나라가 책임지는 사람이다. 따라서 대사는 자신의 필요를 염려하지 않아도 된다. 대사에게 가장 중요한 일은 자신을 파견한 왕국의 이해관계를 대변하는 것이다.

> 아버지께서 나를 세상에 보내신 것 같이 나도 그들을 세상에 보내었고 또 그들을 위하여 내가 나를 거룩하게 하오니 이는 그들도 진리로 거룩함을 얻게 하려 함이니이다 (요 17:18-19).

> 예수께서 또 이르시되 너희에게 평강이 있을지어다 아버지께서 나를 보내신 것 같이 나도 너희를 보내노라 이 말씀을 하시고 그들을 향하사 숨을 내쉬며 이르시되 성령을 받으라 (요 20:21-22).

15. 왕국의 대사

대사는 자기를 위해 말하지 않고 오로지 왕국을 위해 말한다. 대사는 왕국이 보낸 사절이다. 그는 자신이 부임한 나라에서 자신을 보낸 자의 뜻과 바람과 목적을 전달한다.

> 곧 하나님께서 그리스도 안에 계시사 세상을 자기와 화목하게 하시며 그들의 죄를 그들에게 돌리지 아니하시고 화목하게 하는 말씀을 우리에게

부탁하셨느니라 그러므로 우리가 그리스도를 대신하여 사신이 되어 하나
님이 우리를 통하여 너희를 권면하시는 것 같이 그리스도를 대신하여 간
청하노니 너희는 하나님과 화목하라 (고후 5:19-20).

16. 왕국의 교육

모든 왕국은 그 시민들을 훈련시키고 교육시킬 체계와 프로그램을 갖
추고 있다. 교육 체계는 자라나는 세대와 새로운 시민들에게 왕과 왕국
의 법, 가치, 도덕 그리고 예절을 전달하고, 각인시키며, 가르치기 위한
것이다.

내가 아직 너희와 함께 있어서 이 말을 너희에게 하였거니와 보혜사 곧
아버지께서 내 이름으로 보내실 성령 그가 너희에게 모든 것을 가르치고
내가 너희에게 말한 모든 것을 생각나게 하리라 (요 14:25-26).

너희가 나를 사랑하면 나의 계명을 지키리라 내가 아버지께 구하겠으니
그가 또 다른 보혜사를 너희에게 주사 영원토록 너희와 함께 있게 하리니
그는 진리의 영이라 (요 14:15-17).

17. 왕국의 영광

왕국 안에 있는 모든 것이 곧 왕의 영광이다. 모든 것이 왕의 진정한 본질을 대변하고 드러낸다. 영광이란 말은 문자적으로 "진정한 본질 혹은 온전한 무거움"이라는 뜻이다.

여호와여 신 중에 주와 같은 자가 누구니이까 주와 같이 거룩함으로 영광스러우며 찬송할 만한 위엄이 있으며 기이한 일을 행하는 자가 누구니이까 (출 15:11).

하늘이 하나님의 영광을 선포하고 궁창이 그의 손으로 하신 일을 나타내는도다 (시 19:1).

너희가 열매를 많이 맺으면 내 아버지께서 영광을 받으실 것이요 너희는 내 제자가 되리라 (요 15:8).

이같이 너희 빛을 사람 앞에 비치게 하여 그들로 너희 착한 행실을 보고 하늘에 게신 너희 아버지께 영광을 돌리게 하라 (마 5:16).

18. 왕국의 경배

왕국 시민은 감사와 존경을 표시함으로써 왕께 경배한다. 왕이 은총과 특권을 베풀고, 나라 안에서 안전히 거할 수 있도록 해주었기 때문이다. 경배는 각 시민이 왕께 의존하고 있음을 표현한다.

네 하나님 여호와를 섬기라 그리하면 여호와가 너희의 양식과 물에 복을 내리고 너희 중에서 병을 제하리니 네 하나님 여호와를 섬기라 그리하면 여호와가 너희의 양식과 물에 복을 내리고 너희 중에서 병을 제하리니 (출 23:25-26).

너는 다른 신에게 절하지 말라 여호와는 질투라 이름하는 질투의 하나님임이니라 (출 34:14).

이에 예수께서 말씀하시되 사탄아 물러가라 기록되었으되 주 너의 하나님께 경배하고 다만 그를 섬기라 하였느니라 (마 4:10).

19. 왕께 예물을 드림

경배 안에는 늘 헌물 드리는 것이 포함된다. 이는 시민들이 누리는 모든 것이 왕으로부터 주어진 것이며, 그것이 모두 왕의 소유임을 인정하는 것이다. 결국 왕께 예물을 드리면 왕보다 바치는 시민 자신에게 더 큰 혜택이 된다.

이에 그가 금 일백이십 달란트와 심히 많은 향품과 보석을 왕에게 드렸으니 스바의 여왕이 솔로몬 왕에게 드린 것처럼 많은 향품이 다시 오지 아니하였더라 (왕상 10:10).

솔로몬 왕의 재산과 지혜가 세상의 그 어느 왕보다 큰지라 온 세상 사람들이 다 하나님께서 솔로몬의 마음에 주신 지혜를 들으며 그의 얼굴을 보기 원하여 그들이 각기 예물을 가지고 왔으니 곧 은 그릇과 금 그릇과 위복과 갑옷과 향품과 말과 노새라 해마다 그리하였더라 (왕상 10:23-25).

20. 왕의 명성(평판)

왕은 명성을 통해 그 이름이 영광을 얻는다. 왕의 평판은 그 시민과 왕국의 상태에 따라 좌우된다.

여호와께서는 너희를 자기 백성으로 삼으신 것을 기뻐하셨으므로 여호와께서는 그의 크신 이름을 위해서라도 자기 백성을 버리지 아니하실 것이요 (삼상 12:22).

주의 말씀으로 말미암아 주의 뜻대로 이 모든 큰 일을 행하사 주의 종에게 알게 하셨나이다 (삼하 7:21).

21. 왕의 은총

이는 왕이 주권자로서 행사하는 대권이다. 왕이 개인적으로 누리는 특권과 특혜를 특정한 시민에게 적용하는 것을 말한다.

여호와께서 이르시되 내가 내 모든 선한 것을 네 앞으로 지나가게 하고 여호와의 이름을 네 앞에 선포하리라 나는 은혜 베풀 자에게 은혜를 베풀고 긍휼히 여길 자에게 긍휼을 베푸느니라 (출 33:19).

22. 왕국의 영향력

모든 왕국은 왕의 뜻을 온 나라가 수행할 수 있도록 전심을 다한다.

또 비유로 말씀하시되 천국은 마치 여자가 가루 서 말 속에 갖다 넣어 전부 부풀게 한 누룩과 같으니라 (마 13:33).

그러므로 너희는 가서 모든 민족을 제자로 삼아 아버지와 아들과 성령의 이름으로 세례를 베풀고 내가 너희에게 분부한 모든 것을 가르쳐 지키게 하라 볼지어다 내가 세상 끝날까지 너희와 항상 함께 있으리라 하시니라 (마 28:19-20).